APRENDER A SER

RODINEI BALBINOT

APRENDER A SER

CUIDADO COM A VIDA E SENTIDO DO SER

Dados Internacionais de Catalogação na Publicação (CIP)
(Câmara Brasileira do Livro, SP, Brasil)

Balbinot, Rodinei
   Aprender a ser : cuidado com a vida e sentido do ser / Rodinei Balbinot. – São Paulo : Paulinas, 2015. – (Coleção sabedoria do amor)

   Bibliografia.
   ISBN 978-85-356-3907-0

   1. Cristianismo 2. Evangelização 3. Evangelização - Aspectos sociais 4. Evangelização - Metodologia 5. Teologia pastoral I. Título. II. Série.

   15-02502   CDD-269.2

Índice para catálogo sistemático:
1. Evangelização : Metodologia : Cristianismo   269.2

1ª edição – 2015

Direção-geral:	*Bernadete Boff*
Editores responsáveis:	*Vera Ivanise Bombonatto e Antonio Francisco Lelo*
Copidesque:	*Mônica Elaine G. S. da Costa*
Coordenação de revisão:	*Marina Mendonça*
Revisão:	*Ana Cecilia Mari*
Gerente de produção:	*Felício Calegaro Neto*
Projeto gráfico:	*Manuel Rebelato Miramontes*

Nenhuma parte desta obra poderá ser reproduzida ou transmitida por qualquer forma e/ou quaisquer meios (eletrônico ou mecânico, incluindo fotocópia e gravação) ou arquivada em qualquer sistema ou banco de dados sem permissão escrita da Editora. Direitos reservados.

Paulinas
Rua Dona Inácia Uchoa, 62
04110-020 – São Paulo – SP (Brasil)
Tel.: (11) 2125-3500
http://www.paulinas.org.br – editora@paulinas.com.br
Telemarketing e SAC: 0800-7010081
© Pia Sociedade Filhas de São Paulo – São Paulo, 2015

Louvo e agradeço:
ao Deus da vida;
à grande família humana;
às parceiras e aos parceiros de jornada existencial e profissional;
a meu pai Ernesto (*in memoriam*), a minha mãe,
Angélica, a meus irmãos e irmãs;
às minhas companheiras de intensa cotidianidade:
Náudia, minha esposa; Bruna e Manuela, minhas filhas;
à família de minha esposa, que integrei à minha;
às educadoras e aos educadores;
a Elli Benincá e Selina Dal Moro, mestres por excelência,
que prontamente aceitaram apresentar esta singela obra;
a você, que agora lê este livro.

SUMÁRIO

Apresentação 9

Introdução 11

Constituição do viver: metodologia pastoral e existência 19
    Sentido de metodologia 19
    Sentido de pastoral 23
    Existência e sentido 30
    Há ainda um lugar para a pergunta? 31
    A experiência do não saber 37
    Diversidade de caminhos e necessidade de caminhar 41
    A procura de si 44
    A renúncia de si 51
    Da pergunta à busca do sentido 58

Essência, finitude e transcendência:
metodologia pastoral e sentido da vida 61
    Considerações iniciais 61
    Finitude e itinerância existencial 63
    Diálogo, caminho para a transcendência existencial 67
    Verdade, essência da existência 70

Espiritualidade cotidiana: mais sentido à vida e ao trabalho 75
    Desenvolver a capacidade de decidir 76
    Tornar-se próximo 81
    Desenvolver autoconhecimento, consciência dos limites
    e da missão no mundo 84
    Criar oportunidades 91
    Buscar dentro e fora de si 93

Estar aberto a si mesmo e às mudanças 96
Ter foco 97
Construir a visão do ser 99
Refletir e meditar o ser 102
Auscultar 105
Motivar e crescer juntos 107
Ser humilde 108
Ir à essência 110
Transcender 113
Reconhecer 115
Inovar 116
Proagir 117
Dialogar: falar e escutar 119
Transformar 121
Mudar e cuidar de si 123
Mudar a organização 124
Mudar a cultura 126
Liderar 127
Confiar 129
Envolver-se e participar verdadeiramente 131
Não desistir das pessoas e focar a missão 134
Ser entusiasta e compreender a missão 136
Ter fé e fazer uso da experiência 138
Impulsionar 139
Organizar o tempo 141
Provocar a hora da verdade 143
Ser livre 144
Um despertar continuado do espírito 145

Bibliografia 147

APRESENTAÇÃO

Apresentar a obra de Rodinei Balbinot, ainda que não seja uma tarefa fácil, proporciona-nos muita satisfação e, por que não dizê-lo, um forte, ainda que silencioso, sentimento de orgulho. A leitura atenta do texto fez emergir de nossas memórias as lembranças guardadas nos baús do passado, não muito distante nem muito próximo, em que, em nossas aulas ou em atividades pastorais e educacionais, um jovem acadêmico, originário do oeste catarinense, revelava-se, mediante a tessitura de sua linguagem reflexiva, portador de uma inteligência brilhante posta a serviço de uma ação missionária alicerçada na realidade e com horizonte na construção do Reino de Deus entre todos os homens e as mulheres de nosso tempo.

Caminhando, cautelosa e serenamente, na esteira de protagonistas da luta pela justiça e pela efetivação universal dos direitos humanos, tais como D. José Gomes, saudoso prelado da Diocese de Chapecó, Rodinei encontrou no campo teológico as bases de sua espiritualidade e o sentido da própria vida. Consolidou nessa permanente parceria seu espírito missionário e seu compromisso com um fazer teológico libertador.

Sem receio de nos equivocar, afirmamos que este livro é a síntese de uma longa caminhada de estudos e de reflexões de seu autor, realizadas em diálogo consigo mesmo e com pessoas que, atuando em diversas áreas profissionais, assim como ele, buscam encontrar sentido para as ações que constituem o cotidiano de suas vidas, as quais carregam em seu âmago respostas a perguntas que, reiteradamente, todos nos fazemos: O que é a vida? Para que viver?

A vida, nos diz o autor, é uma questão em si mesma e é no viver que se pode encontrar pistas de sua constituição. Em outras palavras, a existência para o ser humano é o campo de construção e manifestação de seu próprio ser. *Aprender a ser: cuidado com a vida e sentido do ser* constitui-se, portanto, numa arrojada tentativa de abrir caminhos metodológicos que, alicerçados na dinâmica do cotidiano, permitem transcender a monotonia da "cotidianidade" e sinalizam caminhos em direção à construção do sentido da vida.

A leitura atenta desta obra de cunho pedagógico-pastoral, certamente, levará o leitor a um retorno reflexivo sobre sua própria vida para apreender o sentido que vem dando a ela. Mais do que isso, proporcionar-lhe-á luzes para visualizar nos fragmentos de seu cotidiano os elementos constitutivos da realização contínua do seu próprio de ser, sempre inconcluso e em realização na itinerância da vida.

Ao colocar-se a caminho no seguimento de Cristo, o Galileu, cada leitor, seja qual for seu modo de inserção socioeclesial, apreenderá, lendo nas linhas e nas entrelinhas desta obra, indicadores teórico-metodológicos para a realização de uma pastoral e de uma educação formal ou informal engajadas na construção de homens e mulheres plenos de vida, capacitados para promover sua própria transformação contínua e do seu próprio contexto.

Pe. Dr. Elli Benincá
Ms. Selina Maria Dal Moro

INTRODUÇÃO

No primeiro livro, que escrevemos em parceria com Elli Benincá,[1] nos preocupamos com a *Metodologia pastoral* como *mística do discípulo missionário* em processos de evangelização sistemáticos, assumidos por sacerdotes, religiosos, leigos e leigas que exercem ministérios comunitários. O livro foi publicado em 2009, com 2ª edição em 2010 e 3ª, em 2012.

Desde a publicação do livro estivemos em muitos cursos e assessorias, dialogando com pessoas que atuam profissionalmente nas mais diversas áreas. Além de um retorno positivo sobre o conteúdo do livro, surgiram questões que sugerem a possibilidade de aprofundamento e mesmo de uma abordagem cotidiana da metodologia pastoral, relacionada-a ao sentido da vida. Nesta introdução detalhamos as questões emergentes como problema e programa deste livro.

Os agentes de pastoral, cuja ação evangelizadora ocorre em diferentes instâncias e intensidades, sentem-se contemplados no livro acima citado. Mesmo estes, quando questionados especificamente sobre a vivência de uma espiritualidade cotidiana de cuidado com a vida e sentido do ser, se percebem confrontados

---

[1] Elli Benincá é mestre em Ciências da Religião e doutor em Educação. Tem mais de cinquenta anos de experiência em educação e pastoral. Ser humano, educador e sacerdote-pastor por excelência, com quem aprendi a aprender a ser.

com uma questão que, de imediato, os surpreende. Isso é tanto mais espantoso quanto mais os agentes estiverem envolvidos no ativismo impessoal e rotineiro. Os agentes que dedicam todo o seu tempo, energia e vida na evangelização, muitos deles por estarem excessivamente envolvidos nas atividades pastorais, têm dificuldade de criar o distanciamento e o estranhamento necessários para o espanto que provocaria a pergunta pelo sentido; e podem ser eles próprios um paradoxo, pois, ocupados e preocupados excessivamente com os muitos afazeres, perdem-se naquilo em que dever-se-iam se encontrar, a evangelização. Então, evangelização passa a ser algo que está fora de si, feita para os outros como um trabalho qualquer.

Há outro grupo de agentes de pastoral que exerce uma gama muito grande de ministérios nas comunidades eclesiais de base e atua profissionalmente no mercado de trabalho. Estes, por não coincidirem sua atuação profissional com os ministérios eclesiais, têm um "outro mundo" que faz confronto às atividades pastorais, no qual da mesma forma estão mergulhados. Esse enfrentamento pode ser capaz de provocar estranhamento, mas, muitas vezes, os agentes permanecem na impessoalidade, vivendo em "dois mundos" paralelos: um eclesial e outro profissional, comportando-se diferentemente em cada um deles, mas nos dois imersos. Em alguns casos as atitudes revelam-se até contraditórias, pois no mundo do trabalho o indivíduo realiza ações que ele próprio condena, quando investido na postura de agente de pastoral. O que subsidia um mesmo indivíduo a condenar uma atitude em um ambiente e ele próprio adotá-la sem remorsos em outro? É esse grupo que revela mais facilmente a necessidade de entrar mais profundamente na espiritualidade cotidiana, e há quem, em situações-limite da vida, busque fora da vida eclesial e da atividade profissional o amparo para se "manter de pé".[2]

Fora do âmbito eclesial há profissionais de diversas áreas que desejam viver mais intensamente a sua fé, alguns participantes efetivos de comunidades. Muitos citam inúmeros livros de autoajuda em que têm buscado referências para viver melhor, mas sentem falta de reflexões pastorais direcionadas à vida, assim como a experimentam no dia a dia. Esses é que se veem mais desamparados em termos de metodologia pastoral numa ótica de espiritualidade. Há um desejo de se refletir e ter luzes para uma mística do cotidiano.

Há também muitas pessoas à procura de um sentido maior para a vida, mas que não têm nenhuma prática eclesial definida. São pessoas que, apesar de não participarem regularmente de uma comunidade, desejam e algumas até buscam algo mais do que aquilo que encontram no mundo do mercado (inclusive o religioso). Querem, desejam e sonham com uma vida mais plena. Têm envidado tentativas de encontrá-la em diversas religiões, filosofias e práticas de bem-estar difundidas no seu entorno, algumas delas amplamente divulgadas pelos meios de comunicação. Essas pessoas se sentem muito distantes dos discursos, práticas e homilias que ouvem nas Igrejas cristãs. Pouco compreendem o efeito prático e a contribuição efetiva da ciência e da práxis da fé propagada pelos ministros e pastores das igrejas, para a melhoria efetiva da qualidade de suas vidas. Há mesmo quem se tenha desiludido

---

[2] Expressão utilizada para designar a atitude de não sucumbir às dificuldades da vida, caindo no desespero. Para Anselm Grün, "Fé significa, de acordo com a Bíblia propriamente, capacidade de ficar em pé, estar firme em Deus, estar sobre uma rocha" (2014, p. 86). Se considerarmos essa raiz bíblica da fé, podemos dizer que a necessidade é de aprofundar-se na fé, viver a partir de uma fé mais firme.

com fáceis e falsas promessas de prosperidade e bem-estar espiritual difundidas entre as igrejas. Querem algo mais próximo e palpável, que fale uma linguagem existencial não predeterminada eclesiasticamente e que possa ajudá-los a viver melhor e mais adequadamente o dia a dia.

Outras tantas pessoas há neste mundo que não se preocupam ordinariamente com o sentido da vida, mas, ao enfrentarem uma situação-limite como um acidente grave, uma séria doença, perdas e problemas estressantes de natureza diversa, se deparam com uma necessidade que antes não consideravam: a de fazer perguntas sobre o *porquê* e o *para quê* viver. A pouca capacidade ou preparo humano para lidar com as adversidades da vida pode, inclusive, levar ao desenvolvimento de doenças muito graves. Certamente a grande maioria das pessoas enfrentaria bem melhor os problemas, os sucessos e insucessos, as alegrias e as agruras se cultivasse uma espiritualidade mais profunda. Algumas sucumbem às situações de extremo estresse e cometem suicídio. Para tanto, não precisam de muitos argumentos, além de sentirem a sensação desconfortável de que, "por mais aborrecível que pareça a ideia da morte, pior, muito pior do que ela é a de viver", como expressa Estêvão, personagem de Machado de Assis em *A mão e a luva*.[3] Segundo dados do Datasus [4] de 2010, no Brasil, diariamente, 26 pessoas cometem suicídio. Dado alarmante é que o suicídio cresce vertiginosamente entre adolescentes e jovens. Nos últimos 25 anos o aumento da taxa de suicídios nessa faixa etária foi de 30%. Os estados com maiores índices são Rio Grande de Sul, com

---

[3] Disponível na Biblioteca Nacional do Estudante: <http://www.bibvirt.futuro.usp.br>.
[4] Disponível em: <http://www2.datasus.gov.br/DATASUS/index.php?area=0201>. Acesso em: 8 nov. 2013.

9,7 suicídios a cada 100 mil habitantes, seguido de Santa Catarina, com 8,7, e Mato Grosso do Sul, com 7,7. Os dois estados com maior índice estão entre os primeiros no que diz respeito à educação e ao Índice de Desenvolvimento Humano (IDH), a saber, SC em 3º e RS em 6º.[5] Os dois estados ocupam nível de IDH considerado alto pela Organização das Nações Unidas (ONU) e têm a maior expectativa de anos de estudo do Brasil, ao lado de Paraná e São Paulo. Talvez este seja um dos sinais de que não basta o desenvolvimento das capacidades racionais e materiais do ser humano, problema que Rousseau já levantava no seu *Discurso sobre as ciências e as artes*, em 1749, indicando que o intento moderno de progresso ilimitado por meio da ciência, desde o início, abria um hiato entre o desenvolvimento material e o espiritual. Não faltaram críticos à modernidade, alguns dos quais considerados mestres da suspeita, como Karl Marx, Sigmund Freud e Friedrich Nietzsche. O hiato ainda permanece e o desenvolvimento da capacidade espiritual se impõe como necessidade de vida. Quando se fala em espiritualidade cotidiana, portanto, se coloca em questão o sentido da vida e a perpetuação da humanidade.

Aquilo que designamos corriqueiramente como vida, tem uma essência ou se constitui de múltiplas e variadas possibilidades, conforme se desencadeiam as ações dos seus autores? Como seria a metodologia pastoral, entendida como espiritualidade, para quem deseja viver mais intensa e densamente, com mais sentido, o cotidiano, na convivência familiar, nas relações sociais e na profissão? A espiritualidade e, mais precisamente, a espiritualidade cristã tem algo a dizer aos que sofrem muito para enfrentar o cotidiano da vida, principalmente as situações de maior conflito? Quais as

---

[5] Disponível em: <http://atlasbrasil.org.br/2013/ranking>. Acesso em: 20.11.2013.

possibilidades de se pensar na essência da vida pelo viés cotidiano da maioria dos cristãos, que não exerce formalmente ministério eclesial, e também pela visão dos que, apesar de não praticarem determinada crença religiosa, desejam viver com mais sentido, mas diante do turbilhão da vida cotidiana e da multiplicidade de ofertas ficam confusos, perdidos e até desesperados?

O texto que hora apresento é, em grande parte, resultado da tentativa de buscar respostas a estas questões. Consideramos que a constituição da vida é uma questão por si mesma[6] e, se for assim, é possível, pelo caminho do viver, encontrar pistas da sua constituição fundamental, ou seja, do que caracteriza o ser em profundidade. A existência, para o ser humano, é o campo de construção e manifestação do ser. Constrói e manifesta-se no ato de viver, por suas relações. Ou seja, é vivendo que o ser se constitui como humano e é na vida que ele estabelece uma relação com o seu ser próprio (humano), com outros seres humanos, com outros seres e coisas e com o transcendente. Há, assim, um reconhecimento de dualidade do viver: no ser próprio e/ou perdido no mundo que o rodeia.

Este texto considera as emergências da questão do ser no viver cotidiano. Sua base é composta de fatos, acontecimentos, sentimentos e experiências compartilhados, que talvez cada um de nós já tenha vivido. Desde logo, entretanto, é necessário dizer que

---

[6] Uma análise filosófica dessa questão encontra-se em Heidegger, quando, em *Ser e tempo*, diz que "a que constituição ontológica fundamental do viver é um problema em si mesmo" (2005, p. 259). Heidegger designa de presença o modo humano de ser próprio. "É na presença que o homem constrói o seu modo de ser, a sua existência, a sua história" (CARNEIRO LEÃO, apud HEIDEGGER, 2005, p. 309). A presença se distingue dos outros entes porque "em sendo estar em jogo seu próprio ser e [...] também por estabelecer uma relação de ser com seu próprio ser" (idem, p. 38).

nosso interesse não está tanto na análise dos fatos, acontecimentos e experiências, mas na questão do ser que os permeia. Em palavras heideggerianas, diríamos que o centro de interesse do livro é *a constituição ontológica fundamental do viver*. Dessa forma, a pergunta-chave do nosso livro é: *quais as possibilidades de se viver a vida mais pela sua essência do que pelas demandas do ativismo cotidiano? A metodologia pastoral pode ajudar as pessoas a viverem mais intensamente e pautarem o seu cotidiano num sentido profundo de vida?*

A *primeira parte* do texto aborda a metodologia pastoral sob uma perspectiva existencial, entendendo-a como espiritualidade do cotidiano. *Como conciliar a rotina cotidiana com a busca do sentido da vida?* A *segunda parte* se ocupa de um episódio bíblico que, a nosso ver, é emblemático para o tema da metodologia pastoral como espiritualidade cotidiana: o encontro de Jesus com a samaritana, descrito pelo evangelista João. Na *terceira parte*, nos reportamos aos referenciais fundamentais de uma metodologia pastoral como espiritualidade cotidiana: cuidado com a vida e sentido do ser.

CONSTITUIÇÃO DO VIVER: METODOLOGIA PASTORAL E EXISTÊNCIA

Inicialmente é importante dizer o que se entende por *metodologia pastoral* e *existência*, bem como tratar da relação entre estes conceitos. Os termos são muito utilizados e é possível que cada um tenha deles uma noção, ou seja, já nos movimentamos dentro de uma pré-noção de metodologia pastoral e de existência, que nos permite entender minimamente o significado das palavras e formular um conceito delas, a partir do qual as compreendemos toda vez que as ouvimos e as expressamos. Fato esse que, de certa maneira, permite um diálogo mínimo sobre o tema e, ao mesmo tempo, contribui para a coexistência de visões muito diferentes sobre os conceitos em questão, exigindo um tratamento conceitual inicial, que balize a compreensão e oriente minimamente a leitura.

Sentido de metodologia

O termo metodologia não está tão presente nas conversações cotidianas, mas sempre aparece quando se pautam processos de educação, capacitação, treinamento ou formação humana. Essa incidência da metodologia na construção intencional da existência parece apontar para uma necessidade humana, a partir da qual se diz que o ser humano é um ser histórico, a saber, a de fazer memória, pensar, analisar, meditar, contemplar, orientar e conduzir a vida. Em alguns dos processos humanos de educação e formação – como os antes descritos – a metodologia é usada mais deliberadamente, em outros aparece tacitamente e mesmo incorporada ao senso comum. O fato é que as nossas ações e atitudes contêm sempre uma metodologia, pela condição que caracteriza o ser humano, pois nos situamos e nos movemos com intencionalidade. Uma das razões, senão a principal, é o fato de o ser humano não se orientar apenas pelo instinto de sobrevivência, pois pode projetar-se, não vivendo limitado pelo invólucro situacional. A metodologia, desse modo, constitui a maneira humana de ser no mundo. Importa, porém, compreender a metodologia como constitutiva e constituinte da existência humana, isto é, como parte característica da condição humana e como processo de construção da própria existência.

A palavra metodologia vem das raízes gregas *Meta+odos+logos*. O sentido etimológico é um referencial para a compreensão do significado que se quer imprimir ao se falar em metodologia.

Meta significa "ir além". O significado do termo está relacionado, concomitantemente, às características humanas do enraizamento cultural-referencial (não necessariamente geográfico) e do desejo de transcendência, do estar-sendo cotidiano e da ânsia de ser mais, do sentir-se pleno e do ver-se em constante aperfeiçoamento. Quando dizemos "ir além" já enunciamos como pressuposto um "já estar" a partir do qual se empreende o esforço de *ir mais adiante*. Esse estar-sendo é sempre contextualizado, de modo que o ser humano vive *com* uma *textualidade*. Há, nesse aspecto, uma tensão existencial própria da condição humana entre o que *já está dado (contextualizado)* e o que *pode ser construído e alcançado*. *Meta* anuncia duas características existenciais humanas: o *já* e o *ainda-não*.

Odos se refere a caminho, planejamento, organização, enfim, às ações, aos processos e aos meios de que o ser humano lança mão para colocar-se em movimento no presente (já), em vista de atingir os seus objetivos e realizar os seus projetos (ainda-não). "A vida nunca é dado. É sempre tarefa. Algo que deve ser feito e conduzido. Não se vive simplesmente porque não se morre. Viver é caminhar. Caminhar supõe caminho. Qual é o caminho da vida? É a própria vida. Vivendo se vai construindo o bom ou o mau caminho; vale dizer: o *modo* como se vive constitui o caminho da vida ou a vida como caminho" (BOFF, 2002, p. 66). Um recém-nascido chora para conseguir que a mãe lhe dispense os cuidados necessários. Aprende-se desde muito cedo, também, a usar de artimanhas e dissimulações para ter o que não se conseguiria por meios mais diretos: os pais prometem um belo e desejado presente se o filho tirar boas notas na escola; os filhos fazem um agrado aos pais para conseguirem o que desejam. Há quem agrade ao chefe de olho numa promoção. Há também quem se mantenha no caminho da retidão, da honestidade e da integridade. Na verdade, nossa vida pessoal e profissional sempre reclama caminhos e meios. Ao realizá-los estamos concretizando a vida, em outras palavras, vivemos traçando caminhos para a existência. Ao que Gustavo Gutiérrez diz que *odos* significa, ao mesmo tempo, conduta e caminho.[1]

Trata-se de perguntar quais são os caminhos, posturas e atitudes mais eficazes, lícitos e éticos. Entretanto, há sempre quem prefira os caminhos mais fáceis e imediatos. Embora mais tentadores

---

[1] Cf. GUTIÉRREZ, 2000, p. 19.

e prazerosos, esses caminhos nem sempre são os melhores para a vida. Como bem observa Leonardo Boff, a função do caminho é "ligar, ser ponte. Não existe caminho para si mesmo. Caminho é sempre de alguma coisa para outra coisa. Caminho sempre leva a algum lugar" (2002, p. 68). O caminho, nesse aspecto, não é apenas um meio, mas um construtor de postura, de atitude. *Odos* evidencia a necessidade/capacidade humana de utilizar-se de meios para atingir os fins e de construir, nos processos, uma postura diante da existência. Esses caminhos são o roteiro de construção da vida e de uma identidade espiritual.

Logos diz respeito a espírito que motiva as atitudes, posturas, vontades e decisões. Está ligado ao *porquê* e ao *para quê*, ou seja, às razões, aos valores e ao espírito que movem a ação humana. *Logos* é influenciado por *meta* e por *odos*. Poucas vezes, no cotidiano, conseguimos pesar os valores antes de reagirmos a uma situação que nos surpreende. Nessas reações espontâneas aparece o espírito que guia a nossa consciência prática – aquela que foi formada pela nossa experiência de vida. É possível trabalhar o espírito e transformá-lo para que, mesmo em situações em que precisemos reagir imediatamente, o façamos dentro de parâmetros éticos e não prejudiquemos a nós mesmos nem a outras pessoas. *Logos*, portanto, traz à tona os princípios motivadores da ação humana e coloca à luz a necessidade de posicionamento.

Por esse viés, a metodologia é a própria construção da vida, pois se relaciona à compreensão das situações atuais, à definição de finalidades, além de auxiliar na escolha e operacionalização dos caminhos, dentro de um espírito que pode ser cooperativo, fraterno, justo e pacífico, ou o seu contrário, o que conduziria a vida a um descaminho, um beco sem saída, um movimentar-se sem rumo. A metodologia pode, então, ser entendida amplamente como "um modo de ser, uma espiritualidade. Numa palavra, a metodologia é a mística que está por trás das nossas ações" (BALBINOT; BENINCÁ, 2012, p. 40). Dentro da perspectiva deste texto, metodologia é uma espiritualidade que conduz a pessoa nos caminhos da vida para uma realização profunda, que a faz ser mais.

Sentido de pastoral

A palavra pastoral é mais utilizada em ambientes religiosos e está relacionada à atividade do pastor. Uma das funções principais do bom pastor é cuidar das ovelhas. Sabemos que o termo *cuidado* remete originalmente a duas palavras latinas: *cogitare* e *coera*, cogitar e curar, respectivamente. *Cogitare* significa conceber, pensar, mover com. *Coera* significa curar,[2] vigiar.

Conceber, pensar, mover com, curar e vigiar são processos essenciais da vida e remontam, respectivamente, às experiências de gerar efetiva e afetivamente um novo ser desde o interior, de construir ideias/conhecimentos por consistentes processos racionais-emocionais-espirituais e de agir em conjunto e coordenadamente para a formação humana (relação-formação) e para a produção (ocupação-trabalho). Nesse aspecto, o princípio do cuidado revela-se imperioso para o viver cotidiano. "O cuidado é aquela condição prévia que permite o eclodir da inteligência e da amorosidade, é o orientador antecipado de todo comportamento para que seja

---

[2] Uma análise filosófica da cura é realizada por Heidegger na sua magistral obra *Ser e tempo*. Ao se perguntar sobre a possibilidade de desentranhar a estrutura ontológica do fenômeno do ser, o autor encontra uma resposta na cura. "[...] enquanto possibilidade de ser da presença, a angústia [...] oferece o solo fenomenal para a apreensão explícita da totalidade originária da presença. Esse ser desentranha-se como cura" (2005, p. 245).

livre e responsável, enfim, tipicamente humano. Cuidado é gesto amoroso para com a realidade, gesto que protege e traz serenidade e paz" (BOFF, 2003, p. 30).

Diferente dos outros animais, o ser humano é dotado da capacidade de autossuperação intencional e consciente. Pode, efetivamente, querer ser mais e desde a sua condição atual, interior e exterior, contextualizada, desenvolver-se. O cuidado, no sentido de conceber, evoca uma força criadora interior, que pode ser usada segundo a vontade e a liberdade humanas. Não há um direcionamento prévio e predestinado a determinado ponto, seja ele bom ou mau. A força existe, constituindo o ser, tornando-o capaz de crescer, de fazer a vida melhor ou de destruí-la. Isto faz do ser humano um administrador do seu próprio poder interior. Na prática, significa que ele está situado e engajado na existência como um ser responsável não somente por si, como também pelos outros, pela natureza, pelas coisas e pelo destino de tudo. Essa capacidade remonta a um dos estatutos do testamento da criação, relato judeo-cristão de Gênesis, quando Deus estabelece o ser humano como ser responsável por toda a criação (Gn 1,28). Como complemento necessário desse poder de criar está a necessidade da vigilância, que permite a volta ao essencial no próprio ato de existir.

Processo relacionado a essa capacidade criadora é a construção do conhecimento. O ser humano é capaz de produzir um bem imensurável e intangível, que é o conhecimento. O mundo ocidental, infelizmente, priorizou o conhecimento racional, constituído pela racionalidade científica e filosófica. Quando falamos assim, tentamos dizer tão somente que a cultura erudita ocidental confia mais e quase exclusivamente em conteúdos, ideias e visões que obedecem a procedimentos sistemáticos, verificáveis, mensuráveis e objetivos. Mas a capacidade humana de construir conhecimento não se restringe à forma racional, pois não está localizada em uma parte do organismo humano que possa ser separada das demais quando em ação. Mesmo a confiança na razão se baseia em dados externos, em procedimentos adotados, em métodos aplicados e reconhecidos na comunidade científica. Ao contrário da especialização científica, o organismo humano funciona sempre na totalidade, como ser. O que se chama de racionalidade, portanto, sofre influência da emocionalidade e da espiritualidade. Danah Zohar e Ian Marschall, física e psicanalista, respectivamente, dizem que a cultura moderna ocidental é espiritualmente atrofiada. "Vemos, usamos e vivenciamos apenas o imediato, o visível, o pragmático. Estamos cegos para os níveis mais profundos de símbolo e sentido que inserem nossos objetos, nossas atividades e nós mesmos em um marco existencial mais amplo", afirmam (2012, p. 36). Insistem os autores que "a crise fundamental do nosso tempo é de natureza espiritual" (p. 33). A atrofia alegada é causada, segundo eles, pelo subdesenvolvimento ou mesmo esquecimento de uma forma de inteligência denominada espiritual, que "usamos para lidar com os problemas existenciais" (idem, p. 27). O caminho indicado para o desenvolvimento humano equilibrado é o desenvolvimento da inteligência espiritual. Ao lado do quociente de inteligência (QI), pensamento racional, sistemático, lógico, matemático, pautado em regras, e do quociente emocional (QE), pensamento emotivo, marcado por hábitos, costumes, experiência de vida, há o quociente espiritual (QS), que "nos leva ao âmago das coisas, à unidade por trás da diferença, ao potencial além de qualquer expressão concreta [...], permite integrar o intrapessoal com o interpessoal, transcender o abismo entre o eu e o outro [...], ajuda-nos a levar a vida em um nível mais profundo de sentido" (idem, p. 27-28). Para Leonardo Boff, "a crise globalizada de nossa civilização planetária deriva, em grande parte, da ausência de uma espiritualidade que lhe rasgue uma visão de futuro, que lhe aponte caminhos novos e que lhe forneça um sentido capaz de suportar as maiores contrariedades" (2013, p. 22).

A terceira capacidade humana que advém do significado do cuidado é a relacional e a ocupacional. O ser humano é um ser aberto, independentemente de sua vontade ele transmite e recebe mensagens, produz e usufrui da natureza e da produção de outros. Na relação com outros de sua mesma condição, o ser humano está numa situação de encontro, de sujeito para sujeito, de ser com força interna criativa, construtor de conhecimento, para outro ser com as mesmas capacidades. Os desfechos desses encontros variam entre os extremos de amor e ódio, compromisso e indiferença, atração e rejeição, alegria e tristeza, entre outros. Tudo isso, entretanto, pode ser gerido, concebido, vigiado, e isso faz do ser humano um ser flexível, imprevisível, inconcluso. "A necessidade de construir o próprio destino e o desejo de encontrar razões para a existência podem colocar em movimento o desejo de se encontrar com outros e compartilhar o vivido, como maneira de dar a si uma resposta. Trata-se de uma afirmação da liberdade pessoal e, por isso, da necessidade de questionar em profundidade as próprias convicções e opções" (DAp, n. 53).

A ocupação, que também compõe essa capacidade de abertura, faz do humano um ser produtivo, trabalhador. "Quem produz coisas belas e úteis experimenta um duplo enriquecimento. A própria atividade satisfaz pela alegria de produzir; saber fazer ou produzir alguma coisa amplia a nossa consciência. A alegria dos outros com a nossa obra volta para nós na forma de reconhecimento e estima. A estima e o reconhecimento fazem parte das necessidades originais do ser humano, satisfeitas, em grande medida, com esse tipo de trabalho e essa atitude interior" (ASSLANGER; GRÜN, 2014, p. 23). Na ocupação, entretanto, o ser humano pode se perder no impessoal, ou seja, realizar atividades que o distanciam do seu ser próprio, de um sentido melhor e mais profundo da vida. Então, o trabalho se transforma no cumprimento mecânico e cego de uma rotina de tarefas estafantes, impessoais e sem sentido.

O discernimento entre o essencial e o dispensável é um desafio cotidiano. O evangelho de Lucas narra a visita de Jesus à casa de Marta e Maria. Diz que "Marta estava ocupada pelo muito serviço. Sua irmã, chamada Maria, ficou sentada aos pés do Senhor, escutando-lhe a Palavra". A primeira indignou-se e indagou a Jesus: "Senhor, a ti não importa que minha irmã me deixe assim sozinha a fazer o serviço?". Ao que Jesus responde: "Marta, Marta, tu te inquietas e te agitas por muitas coisas; no entanto, pouca coisa é necessária, até mesmo uma só. Maria, com efeito, escolheu a melhor parte, que não lhe será tirada" (Lc 10,38-42). A agitação cotidiana pode nos desviar daquilo que ninguém pode nos tirar, mas que nós mesmos podemos nos esquecer, que é o sentido da vida. A alienação do cotidiano produz efeito semelhante. Como seres históricos e em construção, estamos sempre postos diante do desafio de viver o cotidiano a partir de um sentido que o transcende. É mesmo tentador viver distraídos no impessoal, em função das ocupações, sejam elas materiais, emocionais ou espirituais. Excessivamente ocupados com o *que fazer* não temos de enfrentar a questão do ser, sempre incômoda, embora mais fundamental. Em João, após realizar o sinal da partilha dos pães e ser procurado por muitas pessoas, Jesus diz "Trabalhai, não pelo alimento que se perde, mas pelo alimento que permanece para a vida eterna" (6,27).

Certamente uma indicação de que devemos dar sentido às ocupações, que provêm de algo permanente.

Por condição somos seres de trabalho e realizamos a nossa vida por meio das ocupações. Ao mesmo tempo, somos seres sociais, pois vivemos com outras pessoas desde o nascimento. Concomitantemente somos seres únicos e conservamos uma reserva de sentido próprio que somente nós mesmos podemos encontrar e revelar. *Sob que perspectiva existencial construímos a nossa existência, o nosso ser-no-mundo? Trabalhamos por qual alimento?* A sobrevivência e a convivência precisam ser concebidas, pensadas, guiadas e muitas vezes curadas, em parceria com outros. A metodologia pastoral parece nos auxiliar nessa tarefa. Impossível imaginar alguém que consiga viver só e que baste a si mesmo, da mesma forma difícil é alguém se manter com sentido perdido no impessoal. Quem tenta fazer isso empreende esforço contra a própria condição humana e não faz senão criar o próprio fracasso.

O cuidado, na espiritualidade cotidiana, refere-se à intenção de viver e conviver bem, harmoniosamente, a partir de princípios e valores reconhecidamente bons para todos, como o amor, a justiça, a paz e a solidariedade. Em um dia, encontramos muitas oportunidades para expressar esses valores em ações, atitudes e posturas. Bem cumprimentar e atender a esposa ou o esposo, filhos, amigos ou colegas de trabalho. Atender com atenção e empatia alguém que pede um favor, uma informação, uma ajuda, ou mesmo que procura um serviço profissional. Como essas, há muitas outras: manter-se calmo, sereno e prudente em uma situação de conflito; não revidar em uma provocação no trânsito; ser humilde e colaborativo ao exercer as funções no trabalho; manter-se honesto e ético, mesmo quando lhe oferecem meios desonestos para ter um cargo melhor ou ganhar mais dinheiro; oferecer ajuda a quem está numa situação de dificuldade e sofre para enfrentá-la; animar e motivar alguém que está enfrentando desafios; brincar gratuitamente com a sua filha ou filho... Não faltam oportunidades para transformar o princípio do cuidado em ações cotidianas. É necessária uma predisposição interior e o direcionamento intencional e ciente da vontade para esse fim. Questões essas que se descortinam como possibilidade caso a existência cotidiana seja posta como questão do ser. "Hoje entendemos que a revolução do cuidado é imperativa. Como pertence à essência do ser humano, o cuidado pode servir de consenso mínimo sobre o qual se pode fundar uma ética planetária, ética compreensível por todos e praticável por todos" (BOFF, 2003, p. 38).

Outra função primordial do pastor é conduzir. Vem do latim *conducere*: *con* = junto, *ducere* = guiar, liderar, chefiar. Além de cuidar o pastor *indica caminhos*, *lidera* (inspira com o seu testemunho) e *guia*. A vida é, em grande parte, resultado da forma como a conduzimos. O cuidado com a vida pode fazer dela uma bênção. O *descuido* com a vida e o trabalho podem provocar estresse, frustrações, desânimo e uma sensação de que é algo ruim, que não vale a pena. Os antigos romanos diziam: "se queres a paz, prepara a guerra". Os cristãos, desde as primeiras comunidades, sabem e testemunham o contrário: "se queres a paz, prepara a paz". O evangelho de Lucas indaga: "Será que alguém de vocês que é pai, se o filho lhe pede um peixe, em lugar do peixe lhe dá uma cobra?" (Lc 11,11). Parece lógico: das sementes seguem os frutos. Se prepara a guerra, terás a guerra. *Como preparar a vida para que ela seja boa? É possível viver a vida de modo a experimentar mais sentido dentro das ocupações e preocupações cotidianas?*

Existência e sentido

Este livro quer provocar uma conversa com a vida. Conversamos diariamente sobre os mais diversos assuntos e com muitas pessoas. Há sempre um assunto que desencadeia uma conversação. No ato profissional nossa linguagem se reveste de uma formalidade técnica e de um feitio estratégico. Com amigos e familiares somos mais soltos e informais. Na Igreja usamos linguagem religiosa. Nas atividades de evangelização usamos linguagem pastoral e espiritual. Assistindo a um jogo de futebol a etiqueta linguística "vai para a cucuia" e a mãe do juiz é quem leva a culpa. Que linguagem seria apropriada para uma conversa com a vida? Formal ou informal? Técnica, estratégica ou acadêmica? Culta ou vulgar? Talvez isso nem importe, desde que nos façamos entender e que a linguagem nos permita chegar ao ponto, ou seja, à vida como ela é.

Mas de qual vida estamos falando? A vida assim como sentida e experimentada todos os dias pelo ser humano nos medos, sonhos, projetos, dificuldades, sofrimentos, perdas, angústias, alegrias, conquistas, tropeços, ilusões, amor, ódio, desejos, necessidades, frustrações, trabalho, intuições, fé, ousadia, fuga, fingimento, resistência, descanso, estresse, doença, equilíbrio, excesso, temperança... Vida que não tem manual, modo de usar, bula ou receita. É a isso que chamamos de existência. Falamos desta vida para a qual é difícil de encontrar uma definição que estabeleça o seu início e o seu fim. A vida que enfrentamos todos os dias. *Há algo que possa dar a ela mais sentido, provocar unidade e gerar bem-estar duradouro? Como entender as agruras da vida e se comportar diante delas, sem sucumbir aos fracassos e às quedas? Como não se acomodar com as conquistas?*

Uma conversa assim toma tempo e pede coragem. No fundo, todos temos uma necessidade fundamental: a de conhecer a vida mais a fundo. *Por trás do que se desenrola em nossa vida, há um sentido maior?* Convido a leitora e o leitor a tomar parte ativa nessa busca.

Há ainda um lugar para a pergunta?

Você já deve ter-se perguntado sobre o sentido da vida. Também deve ter deixado essa questão de lado. No dia a dia a preocupação está mais direcionada para as múltiplas atividades a cumprir do que para o sentido da vida. E as razões que se apresentam para isso nos convencem sem oporrmos resistência: levantar muito cedo ou acordar tarde porque ficamos até de madrugada acordados, tomar um café rápido (quando for possível), levar os filhos à escola, enfrentar o trânsito infernal (às vezes já atrasados e estressados) correr para o trabalho, dar conta das muitas tarefas que se acumulam em nossa mesa ou caixa de mensagens, resolver um problema inesperado, pensar um novo projeto, aproveitar uma nova oportunidade para ganhar um dinheiro extra, fazer as compras, ir a evento promocional, fazer consultas de rotina ou forçadas pela rotina, atender a uma demanda fora do horário, participar de um curso de inovação, levar os filhos no pediatra, dar um treinamento, preparar um plano de ação... e a lista de justificativas, que consideramos[3] "justas" e por isso nos tranquilizamos,

---

[3] O termo "consideramos" é usado aqui com intenção de marcar uma tentativa de inocentar-se do frenético ritmo cotidiano a que nos submetemos por petição de princípio, ou seja, sem exigir razões de prova. Aceitamos uma suposta razão como prova, sem argumentos, daquilo que ainda precisa ser provado. É mais acalentador dizer "consideramos" que admitir uma submissão a um ativismo impessoal.

poderia preencher esta página. Realizamos grande parte das ações num ritmo frenético e sob tensão, sem viver o que há de bom nelas. Parafraseando Heidegger (2005, p. 248) podemos dizer que, perdidos na ocupação impessoal, fugimos exatamente daquilo que corremos atrás: uma vida com mais sentido. Com facilidade, nos deixamos absorver por essa rotina permitindo que o dia passe sem que o essencial tenha um pequeno espaço de nosso tempo. Passam as horas, os dias, os anos, e a vida. A vida? A vida vai embora, perdida no turbilhão de coisas a fazer, sem que consigamos vivê-la. Você já deve ter-se perguntado: vale a pena? Fernando Pessoa, em *O Eu profundo e os outros eus*, responde: "Não vale a pena, minha irmã... Quando alguém canta, eu não posso estar comigo. Tenho que não poder recordar-me. E depois todo o meu passado torna-se outro e eu choro uma vida morta que trago comigo e que não vivi nunca" (Sem data, p. 117).

"*Onde está a vida que perdemos vivendo?*" Pergunta o poeta e crítico literário Thomas Stearns Eliot (1888-1967), Nobel de literatura em 1948, em seu poema *A Rocha*. Esta pergunta que permanece impressionantemente poderosa e atual é ao mesmo tempo incômoda. Em momentos de parada nos conscientizamos de nossa inoperância vivencial e prometemos mudar, dando mais espaço para o que é mais importante e menos ao que é superficial. Passam-se alguns dias e lá se foi a nossa promessa, levada pelo rio caudaloso e frenético do ativismo. A "inteligência" instrumental parece ser mais forte que a espiritual. E, quando o instrumento domina o músico, a melodia se transforma em melancolia. Nosso foco passa a ser o que há de fazer, deixando o que há de viver na sala de espera, aguardando para ser encaixada em alguma fresta luminosa de bom senso. Parece que o avesso é o lado certo: os afazeres deveriam estar a serviço da vida e não a vida a serviço dos afazeres.

O poema de Eliot faz da vida uma questão onipresente. Mexe com as nossas razões interiores. A vida, como que num paradoxo, se impõe como problema existencial. Mas quem ainda tem tempo para se preocupar com a vida?

Há outras perguntas da mesma forma centrais, que impactam o nosso espírito (que se diz) pós-moderno – às vezes se tem a sensação de que se avança para traz – e que permanecem latentes: *Onde está o conhecimento que perdemos na informação? Onde está a sabedoria que perdemos no conhecimento?*

Cada pergunta força a um nível maior de profundidade até atingirmos, na insistência de tentar desentranhar mais sentido para a vida, dentro do próprio viver, um estágio de maturidade que transcende as razões de natureza analítica-instrumental. Essa racionalidade tem missão de domínio e controle. Para tal, transformamos as coisas e os seres em objeto, separando-os em partes até pensar entendê-los por completo. Tudo o que cabe no horizonte da visão instrumental é transformado em objeto, inclusive os seres, que se tornam não mais totalidade com sentido, mas objetos a serem controlados.

A persistência na descoberta de mais sentido parece ser capaz de conduzir a uma realidade de experiência do mistério, onde o bem da vida se delineia como um problema de pesquisa. Não está mais em questão um objeto ou um desejo, mas a totalidade e o sentido do ser. Não se tem mais pretensão de domínio, controle ou posse, pois o ser é uma experiência de sentido e como tal provoca atração e resguarda mistério. E, quando falamos em mistério, especificamente aqui, nos referimos ao não saber que ainda permanece em relação ao conhecimento dos seres e do mundo, exigindo que até mesmo a ciência avançada se curve em reverência à realidade ainda não descoberta, abrindo-se, inclusive, à fé.

A informação é a parte mais superficial da vida. A palavra vem do latim *informare*, composta por *in*, "em", mais *forma*, "aspecto, forma": o que dá o formato, o aspecto externo. É o que vem expresso no rótulo, na aparência dos objetos e seres, como que dado aos sentidos. Ela está disponível e não aceita retorno ou interação. A aparência expõe uma série de informações que não podem ser negadas, escondidas, negligenciadas e que, em certa medida, são muito úteis. Elas estão disponíveis para quem quiser ver. Mas mesmo as informações, principalmente as mais úteis e relevantes, não caem sobre nossas mãos. É necessário vontade e esforço para acessá-las, entendê-las, processá-las para transformá-las em conteúdo de vida e oportunidade de crescimento. A pergunta que antecede a informação permite acesso ao já enunciado ou ao que está prenunciado na presença dos seres e dos objetos, mas ainda não garante a experiência do conteúdo que ela guarda.

Essa inegável concretude do aparente o transforma em um sedutor porto seguro de verdade, capaz, inclusive, de acomodar a própria curiosidade e as possíveis tentativas de ir mais a fundo. Há uma ilusão de verdade na aparência que conduz o ser a um contentar-se com o que vê. É tentador bastar-se com a informação e com a evidência aparente, pois em algumas ocasiões elas são, apesar de superficiais, raras e desejadas; e, de fato, nos dão, ao detê-las, uma posição de destaque e uma sensação de poder. A sensação de deter informações altamente relevantes pode aparentar inteligência e atualidade, e os mais convencidos ostentam o poder que lhes dá a informação no pedestal da arrogância. Contentar-se com informações, por mais empoderamento que geram, é prender-se ao supérfluo e, como disse Hugo de São Victor, "quanto mais você acumula as coisas supérfluas, tanto menos poderá compreender e reter as úteis (essenciais)" (2001, p. 144-145). Heidegger, filósofo alemão existencialista, insiste que: "Deve-se colocar a questão do sentido do ser" (2005, p. 30). A negação da questão seria uma rejeição da condição humana, pois, como vimos anteriormente, o ser humano tem uma força criativa interior que o lança para ser mais.

O conhecimento pode estar escondido na informação, mas a informação por si só não pode ser dita conhecimento. O conhecimento não se esnoba aos sentidos nem se entrega a eles com a mesma facilidade que a informação. Ele não pode ser notado à primeira vista. Porque, quanto mais difícil de atingi-lo, mais nobre torna o ser de quem o conquista. É como um amor difícil de conquistar. O caminho de acesso é longo e sinuoso. Quando se está determinado na busca, faz-se mais do que o possível para conquistá-lo. Quando se o atinge, não é mais possível voltar atrás, pois ele se mistura com o próprio ser, aumentando e refinando o seu conteúdo. Ele não aumenta o volume do ser, mas a sua densidade. O conhecimento verdadeiro é inimigo da arrogância e amigo da simplicidade.

Quando a densidade do ser encontra um grau maior de profundidade capaz de centrar a existência no que lhe é essencial, o conhecimento se transfigura em sabedoria. A densidade torna o ser transparente, belo, bondoso, desprendido, humilde, simples e amoroso. Já não há necessidade de autojustificação pelo discurso, imposição pela força ou poder, pois a sabedoria inspira pela presença, mais que pela retórica e pelas ameaças ou o assédio. A informação é poder, o conhecimento é serviço e a sabedoria é gratuidade. Muitos correm atrás da informação, pois desejam o poder. Alguns se preocupam efetivamente com o conhecimento e se comprometem com questões que contribuem para a vida do planeta e a qualidade de vida da humanidade. Poucos se dedicam à sabedoria e se esmeram para viver uma vida mais plena de sentido. Entretanto, esta última é o que se pode chamar de vida bem-sucedida.

A vida é infinitamente mais do que aparece, bem mais do que se conhece e se estende além do que se ignora. O sentido da vida vai se revelando mais genericamente na informação até atingir o seu grau de maior refinamento na experiência de encontro com o ser. Cabe dizer, porém, que letramento não significa necessariamente um passo a mais na direção da sabedoria e que o conhecimento não é acessível exclusivamente por meio da ciência. Trata-se, antes, de diferentes mentalidades. A sabedoria é uma mentalidade que está ligada à visão da totalidade do ser.

Há quem gaste a vida para obter mais bens e alcançar posições mais elevadas na sociedade. *Em dinheiro, fama e poder estaria o sentido da vida?* Tem quem aposte em missão mais nobre. *Família, cidadania, consagração religiosa e voluntariado são meios para uma vida com sentido?* Também há os que veem o sentido da vida em uma realidade transcendental, mas não menos existencial, como a felicidade ou o amor. *O sentido da vida é ser feliz? Mas o que é a felicidade? O amor é que enche a vida de sentido? E o amor, o que é?*

Este pode ser o momento de parar e perguntar: *há um sentido maior para a vida?* As ciências e as religiões têm as suas respostas, mas ninguém ainda descobriu a fórmula infalível e cabal para a felicidade. O que se sabe é que as pessoas se ocupam com a vida e buscam caminhos de realização.

A experiência do não saber

Experiência, segundo Leonardo Boff, é a "ciência ou conhecimento (ciência) que o ser humano adquire quando sai de si mesmo (*ex*) e procura compreender um objeto por todos os lados (*Peri*)" (2002, p. 40). A experiência do não saber é, desse modo, o conhecimento da própria ignorância. Cabe ainda dizer, para nos precaver com a ideia de que experiência é apenas o resultado das sensações e percepções, que "a ciência que resulta da experiência [...] é a síntese de toda uma série de abordagens do objeto" (idem, p. 41).

A vida se traduz em experiência unindo fé, arte e ciência na totalidade do ser. Essa mesma totalidade é pano de fundo sobre o qual conduzimos a vida vocacional e profissional *no* e *para* o *ser mais*. *No ser mais* porque viver com sentido não é realidade que somente encontraremos no final de nossa jornada existencial, de modo a transformarmos o caminho em uma preparação para o futuro. *Para o ser mais* porque a vida tem os seus mistérios e dificilmente, na existência humana, nosso ser descansará o espírito com a sensação de ter conquistado a plenitude.

O sentido da vida irradia bem-estar interior não por conta de um prazer momentâneo, mas por causa do bem que emana da profundeza da existência. É uma realidade que experimentamos na existência e nos impulsiona para o transcender e para a transcendência. Quando experimentado e assumido intencionalmente, o sentido da vida se transforma em modo de ser, em espiritualidade, e irradia a vida a partir de dentro.

Para Leonardo Boff, espiritualidade "é uma experiência de base omnienglobante com a qual se capta a totalidade das coisas exatamente como uma totalidade orgânica, carregada de significado e de valor" (1999, p. 130). Desta perspectiva, a espiritualidade é a base profunda de nosso modo de ser no mundo. O cotidiano ganha sentido de totalidade, em vez de as múltiplas atividades ocuparem todo o nosso tempo, a nossa mente e o nosso espírito. Contudo, também é necessário dizer que a "espiritualidade não é um ideal que possamos alcançar. Consiste antes em uma forma de exercício" (GRÜN, 2011, p. 127). Para Lima Vaz o ser humano, "como espírito, é, pois, o lugar do acolhimento e manifestação do Ser e do consentimento ao Ser: *capax entis*" (2004, p. 182).

Enquanto fé, arte e ciência, a vida guarda sempre uma expectativa de surpresa e assombro, assim como o mistério. Sim! Também enquanto ciência, pois a verdadeira ciência se funda sobre o mistério da vida. A ciência moderna, de que ainda somos herdeiros, construiu seu estatuto em detrimento da ciência pré-moderna, em que imperava o princípio teocêntrico em que o mistério era diretamente associado ao sagrado. Em contraposição, a ciência moderna acentuou o mistério da vida, entendendo-a como obra do acaso e da evolução natural. Em posições extremas, a ciência moderna nega até mesmo o mistério, sob o pressuposto de que o que aparenta ser mistério é apenas uma lei natural que ainda não se descobriu. Essa posição, entretanto, é cada vez mais difícil de sustentar. Grande parte da comunidade científica, mesmo os que não acreditam em um ser transcendente, creem no mistério da vida, passível de conhecimento, mas não de ser enquadrado em leis naturais invariáveis, posição cara ao positivismo comtiano e seus defensores.[4]

A pesquisa científica se constrói em torno de problemas fundamentais para os quais se corroboram respostas provisórias, até

---

[4] Para detalhamento da visão positivista, ver obras de Augusto Comte, 1978.

outra pesquisa ir além para provar o contrário ou introduzir outros aspectos antes não pensados. E o cientista honesto sabe muito bem que antes de querer provar verdades, a ciência é um campo fértil para novas descobertas, transformando o cientista num eterno aprendiz, caçador de perguntas, amante do mistério da vida. "Na verdade, os cientistas têm apenas a missão de continuar a perguntar. É dessa nossa curiosidade que nasce o conhecimento. Mantê-la viva, nutrir o desejo de aprender cada vez mais sobre o mundo e sobre nós mesmos é o único caminho capaz de nos tornar melhores" (GLEISER, 2011, p. 5). Quando encontra uma grande pergunta o cientista sabe que está diante do mistério e, ao mesmo tempo, na iminência de uma possibilidade sem igual de avançar em termos de conhecimento. O citado Marcelo Gleiser, renomado cientista brasileiro, pós-doutor em física, afirma que a "ciência funciona a partir do mistério, do não saber. Estamos tentando entender cada vez mais sobre o mundo. A ciência precisa desse mistério e se afeiçoa a ele. E, para mim, essa relação do homem com o desconhecido, com o que transcende o humano, que é muito maior do que ele, que é tão cativante a ponto de dedicarmos uma vida a essa busca, é algo profundamente espiritual".[5] Agnóstico, Gleiser entende espiritual e transcendente como uma relação profunda com o mistério do natural, que atrai e causa tremor, assim como todo mistério. Parece que o mistério do não saber, propulsor da arte e da fé, invade também a ciência. Mesmo a ciência agnóstica se encontra com a necessidade de uma experiência omnienglobante de sentido. Já não se justifica um conhecimento sem laços com o mistério da vida.

---

[5] Em entrevista à *Revista do Instituto Humanitas da Unisinos*/RS. Disponível em: <http://www.unisinos.br/eventos/ihu-semantica-do-misterio/index.php>. Acesso em: 25 out. 2012.

A vida continua encantando o mundo. *Por que não encantar-se com a vida e lançar-se nessa busca?* A espiritualidade coaduna com o encantar-se, com o espantar-se e o assombrar-se. A espiritualidade cotidiana é, ao mesmo tempo, vivência e busca encantadora do mistério. Por esse prisma, é uma mistagogia. Mistagogia vem de *mist+gogé* e significa conduzir para dentro do mistério. Entendemos mistério sempre em três dimensões: o mistério da condição humana e sua tensão interna entre o já e o ainda não; o mistério que paira sobre cada pensamento, cada decisão, atitude e comportamento cotidiano; e o mistério natural e divino, que, segundo Rudolf Otto, estudioso da antropologia religiosa, fascina e causa tremor.

O ser humano, na condução da vida, constrói e apropria-se dos conhecimentos e tecnologias disponíveis no seu meio e os transforma em procedimentos, técnicas e instrumentos. Dessa forma, a vida tem também o seu lado técnico e instrumental. Não somente como braço da ciência, mas como parte da fé, da arte e da ciência. Fazer-se auxiliar por instrumentos, técnicas e procedimentos é uma habilidade que nasce com a humanidade. Os mais avançados programas de softwares cumprem a mesma função existencial dos paus e pedras utilizados pelos primeiros seres humanos: são instrumentos criados pela humanidade para auxiliá-los na sua existência. Nesse aspecto instrumental, poderíamos afirmar que nos deslocamos da pedra à nuvem. *Contudo, será possível dizer que somos mais humanos, hoje, do que eram os primeiros seres humanos? A vida teria mais sentido para nós que para eles?*

De modo geral as pessoas não utilizam na sua vida cotidiana a fé, a arte e a ciência de forma intencional e sistemática, mas tacitamente. Usam as suas experiências e os seus saberes disponíveis para tocar a vida em frente, enfrentando as necessidades e os problemas como aparecem. Conheço pessoas reconhecidas pela sua excelência profissional como gestores no uso das mais avançadas ferramentas e tecnologias, as quais têm imensa dificuldade de gerir a sua vida pessoal e não conseguem utilizar na própria vida os métodos e as técnicas de planejamento que utilizam eficientemente na profissão. Por aí se vê que as técnicas e os instrumentos auxiliam a vida, mas não são responsáveis por sua realização. É possível viver com mais sentido utilizando as possibilidades da fé, da arte e da ciência sem transformar a vida em uma sequência mecânica de ações. Isso, contudo, depende do próprio ser humano.

Diversidade de caminhos e necessidade de caminhar

O sentido da vida, é bom que se diga, não depende exclusivamente do uso correto dos métodos científicos ou do desenvolvimento formal dos aspectos da arte ou mesmo do cumprimento de rituais de fé. Tem a ver com uma razão espiritual que realiza o ser profundamente. O uso correto da arte e da ciência, bem como o cultivo da fé, são possíveis caminhos de excelência para a vida, não uma finalidade. A captação do sentido da vida está relacionada à capacidade humana de "captar o que está além das aparências, daquilo que se vê, se escuta, se pensa e se ama com os sentidos da exterioridade e da interioridade. Ele (o ser humano) apreende o outro lado das coisas, sua profundidade" (BOFF, 2002, p. 55).

Encontramos pessoas extremamente felizes e realizadas, sem necessidade de acumularem fama, poder e riqueza ou de ocuparem cargos de destaque. Essas pessoas, geralmente, fazem o que gostam e não condicionam a sua felicidade a alguma forma de poder ou de posse. Encontram o bem em sua forma de vida e, muitas delas, pela ascese cotidiana encontram a sabedoria e veem o sentido em sua profundidade.

Há pessoas que se sacrificam em trabalhos que não suportam, passam a maior parte dos seus dias longe das pessoas que amam, não descansam um só dia da semana, tudo para manter um nível de consumo e acumular dinheiro e bens materiais, imaginando que a felicidade repousa um pouco além daquilo que já possuem e que um dia, sabe lá quando, chegarão ao tão sonhado patamar de riqueza e posição que as faça felizes. São pessoas extremamente agitadas, cansadas e sem tempo. Procuram, sem descanso e sucesso, algo externo que as torne felizes e as realize interiormente.

Existem pessoas tristes que, apesar de desejarem, não conseguem mudar de vida, pois estão excessivamente agarradas em seus títulos e/ou imagem social. Estas encontram conforto suficiente na vida triste e, apesar da insatisfação interna, conseguem manter uma máscara atrás da qual o verdadeiro eu se refugia, pois uma postura de autenticidade lhes traria muitos prejuízos morais, institucionais, sociais e financeiros. São pessoas amargas, arrogantes, carentes e mal-humoradas.

Encontramos também pessoas que conseguem combinar bem os sonhos pessoais de longo prazo com experiências cotidianas de realização e felicidade. Trabalham arduamente no que gostam e, às vezes, no que não gostam, e se organizam para o bem viver, experimentando o sentido do ser nos encontros e desencontros cotidianos, compartilhando angústias, sonhos e a missão com companheiros de jornada, mais e menos próximos. São pessoas centradas, serenas e alegres.

O livro de Provérbios reconhece: "muitos são os projetos do coração humano" (19,21). As pessoas não vivem com um só objetivo. Mas, talvez, não encontremos uma só que não deseje viver com sentido. "Qual é o modo de se viver (caminho) que mostra mais a vida como vida? Qual é o caminho (modo de viver) que revela mais aquilo que a vida esconde dentro de si e que força por se revelar?" (BOFF, 2002, p. 66). John Lennon, na canção, *How* (Como), pergunta: "Como posso ir para a frente quando não sei para qual lado estou virado?".

Religiões e filosofias trabalham com o sentido da vida e costumam vê-lo na razão mais profunda da existência. Daí as fundamentais e clássicas questões: *quem sou eu? De onde vim? Para onde vou?* A política, a educação e a economia também definem as suas finalidades em algo além do poder, dos títulos, dos cargos, da fama e das obras. Ademais, são abundantes os exemplos de pessoas extremamente ricas e poderosas, mas, da mesma forma, sem um sentido maior para a vida.

Nos séculos XII e XIII, quando a escolástica medieval alcançava o seu apogeu, era costume nas escolas e mosteiros o mestre ser inquirido por seus discípulos após as lições do dia. Muitas dessas conversas foram reunidas em escritos posteriores e ficaram para a humanidade como preleções. Na ordem dos pregadores havia um Mestre de muita autoridade espiritual, chamado Eckhart. Algumas das preleções de final de tarde foram reunidas naquilo que se denominou *Conversações espirituais*.

O Mestre Eckhart nota, com profundidade espiritual, que "Pessoas que procuram paz em coisas exteriores, seja em lugares ou em situações diferentes, seja junto a outras pessoas, em obras, no estrangeiro, na pobreza ou mesmo na humilhação, nada encontram. [...] Andam como quem errou o caminho: quanto mais se anda, mais se perde". Ele próprio pergunta: "Então, que fazer?". E responde: "renuncie a si mesmo" (2005, p. 103). Isso também aparece pela boca de Jesus de Nazaré e alcança uma dimensão antropológica possível de quem consegue viver uma total liberdade. Não para fazer o que quer e deseja sua própria vontade; isso seria justamente o seu contrário, ou seja, a ditadura da vontade. Mas para querer e fazer o que é o bem maior, pois esse atinge a todos e retorna a si como fonte de sentido e realização. O tema da renúncia de si é muito caro ao cristianismo e muito temido pela pós-modernidade. Vale um tempo de reflexão a respeito disso a fim de compreender o sentido bíblico originário e a necessidade existencial de vivermos tanto a procura de si como a renúncia.

Para encontrar o sentido da vida é preciso procurá-lo. Contudo, a procura errônea causa distanciamento em vez de aproximação. Dessa forma, procura e renúncia de si são processos inter-relacionados. Diz o Evangelho que "o Reino dos céus é semelhante a um tesouro escondido num campo; um homem o acha e torna a esconder e, na sua alegria, vai, vende tudo o que possui e compra aquele campo" (Mt 13,44). Esse homem é símbolo de todos os seres humanos. O campo é a existência humana. *Onde estará escondido o tesouro?*

A procura de si

A procura de si tem sido uma *questão* recorrente nas pesquisas sobre o sentido da vida humana. O questionar a si diz respeito a uma procura. O que se procura? A ipseidade ou aquilo que define o ser próprio. O ser. E, nesse ponto, vemos que o humano é um ser que busca a si próprio. Isto porque o seu ser próprio nunca está dado, acabado, fechado, mas em construção e aberto, como já vimos. Além disso, o movimento de ser, sentir-se humano e, ao mesmo tempo, procurar o ser, mostra que a *procura de si* já acontece a partir de uma ideia do ser. Se, para nós, a proposição *procura de si* é minimamente compreensível, então já temos uma formalização da ideia do ser a partir da nossa própria experiência de existir. Essa formulação prévia e vaga é que nos permite falar do "*si*" como algo que se possa procurar cientemente. Em outras palavras, o ser humano procura a si mesmo movido por uma base existencial que já existe e pela força criadora interior de criar o que não existe, desejo de superação. A procura ciente deve nos conduzir além da formulação vaga e da opinião pública. Dessa forma, quando falamos *procura de si*, entendemos, de um lado, que o ser humano se move numa visão do *si próprio*, na maior parte das vezes perdida no impessoal e, de outro, que ele pode querer encontrar-se cientemente no *si próprio* pessoal. E isso é que faz do ser uma questão relevante para cada ser humano, não importa sua condição existencial, posição social ou o quanto perdido de si ele se encontra.

O que significa mover-se no impessoal? O que nos prende e impede a viver o nosso ser próprio? Que obstáculos encontramos ou criamos que interditam a busca e a construção do sentido da vida?

O impessoal pode ser vivido de variadas formas, dentre as quais destacamos a imaginação fantasiosa, a ânsia desenfreada pelo novo e, hodiernamente, de modo especial, a fuga para o mundo virtual.

A imaginação fantasiosa está presente no cotidiano por meio da fofoca, das suposições e pressuposições, as deduções sem nexo por desconfiança, as fantasias, dissimulações e mentiras. Há um núcleo comum nessas diversas formas fantasiosas da imaginação: o poder que conferem ao sujeito de moldar tudo à sua maneira sem ter que fazer o esforço de verificar a verdade – é o que se denomina "autorreferência do indivíduo" (DAp, n. 46). Por isso, quem pratica esse tipo de atitudes se alimenta da ânsia de passar adiante, de contar a alguém a sua construção acrescentando detalhes ao prazer da sua fantasia. A força inventiva, de que falamos anteriormente, é canalizada para o impessoal. A procura de si, nesse caso, é um compromisso com a palavra verdadeira.

A ânsia do novo, outra forma do impessoal, combina com o consumismo, que faz tudo ser descartável, imediato e perecível. É uma sede insaciável de coisas novas. "Como só se necessita do imediato, a felicidade se pretende alcançar através do bem-estar econômico e da satisfação hedonista" (DAp, p. 34). Essa forma do impessoal se caracteriza: pela dificuldade de concentrar-se em aspectos duradouros da vida, antes, se está sempre agitado pelo impermanente; pela dispersão vaga e superficial, pois, sem se estabelecer nexos e sentidos, se quer sentir o sabor do parcial e logo se passa a outro; pela confusão e desamparo, uma vez que não se tem um porto seguro capaz de servir de aconchego e guarida. A procura de si reclama, aqui, a vida equilibrada, saboreada sem pressa.

A comunicação interpessoal, face a face, está sendo substituída quase inteiramente pela comunicação interativa digital. Isso pode ser ruim quando o preço a pagar é a perda da noção de realidade e/ou falseamento da vida real. O virtual pode até mesmo ser um mundo à parte, criado, destruído e reconstruído pelos internautas. O impessoal se transforma, nesse caso, no irreal. Um pseudomundo com poder sobre o mundo que de fato existe. Emblemático foi o caso do linchamento de uma dona de casa em Guarujá, litoral de São Paulo, no dia 3 de maio de 2014. O mundo virtual alertou para a presença de uma suposta sequestradora de crianças, identificou-a com uma pessoa real, espalhou a notícia de que a haviam encontrado e divulgou o seu real linchamento. Uma sequência de informações falsas que acabou na morte sumária de uma pessoa verdadeira. Essa é a consequência da transferência total das relações para o mundo virtual: geralmente acaba em barbáries reais. A possibilidade do impessoal está onipresente no nosso mundo.

Gostaríamos de aprofundar ainda mais a tentação do impessoal, lançando mão de um dos testemunhos históricos mais fortes da humanidade: Jesus de Nazaré. Faremos isso analisando o texto bíblico das tentações, que, nesta análise, se exprimem como formas de o ser manter-se no impessoal.

Após o Batismo, Jesus foi impelido pelo Espírito Santo ao deserto e ali permaneceu durante quarenta dias e quarenta noites, jejuando. Depois sentiu fome e o diabo se aproximou dele, com a intenção de tentá-lo (Mt 3,16–4,11).

A simbologia desse episódio tem muito a ver com o sentido da existência humana. O Espírito Santo é a Terceira Pessoa da Santíssima Trindade – força vivificante e vivificadora. É ele quem impele Jesus ao deserto, após ser batizado. Batismo, do grego, significa mergulho. É o sinal externo da intenção interna de viver o sentido da vida segundo a vontade de Deus. A pessoa, pelo Batismo, mergulha a sua vida em uma missão, cujo sentido mais profundo é o amor. Uma causa divina, mais além do puro interesse pessoal, motivaria a pessoa batizada. A Trindade estabelece morada no batizado. E o Espírito Santo é a sua força mobilizadora. Além da perspectiva catequética e confessional, interessa-nos a visão socioantropológica do evento.

Fato de certa forma curioso e intrigante é que o Espírito Santo impele Jesus ao deserto, após o seu Batismo. Não seria mais apropriado impeli-lo aos povoados e cidades, já que o Batismo é um mergulho na missão?

O deserto é um lugar do planeta onde as condições de vida são das mais inóspitas. As carências são sempre extremas e a pessoa sente-se tentada a agir para garantir a própria sobrevivência, pensando exclusivamente em si próprio. Por outro, o deserto representa o encontro do ser humano com a sua condição originária, distante das armaduras socioculturais, políticas, econômicas e religiosas. No deserto, o ser humano está em melhores condições para encontrar a essência da sua existência. "Todavia, encontrar a mim mesmo não significa girar continuamente ao redor de mim mesmo e dos meus problemas ou analisar a minha situação psíquica, mas defrontar-me com minha verdadeira identidade, encontrar a via que conduz ao meu eu, ao meu verdadeiro núcleo pessoal" (GRÜN, 2001, p. 31). Mais que espaço geográfico, portanto, deserto é espaço ontológico, existencial e espiritual. Leonardo Boff, referindo-se à vida religiosa consagrada, diz que o "deserto exprime o desnudamente interior, a libertação de tudo o que possa apagar, ofuscar a memória de Deus; o controle sobre todas as imagens e conceitos que perturbem a interioridade ou possam fazer concorrência com o *cantus firmus*[6] e assim destruir o projeto fundamental que é deixar Deus ser o único Senhor do coração" (BOFF, 2002, p. 146).

Outro tema significativo dessa passagem é o jejum. O jejum está relacionado à experiência humana intencional de privação

---

[6] Termo de Dietrich Bonhöffer, citado por Boff, ao se referir a Deus como canto em torno do qual cantam as outras vozes.

dos produtos que suprem as necessidades fisiológicas. Por que se faria isso? Não seria uma ação contra a própria natureza infligir o mal contra si próprio? O jejum é a renúncia voluntária de saciar-se fisicamente com a intenção de estar em maior sintonia com as questões ontológicas interiores, que determinam o sentido do ser. Certa vez ouvi uma expressão marcante de uma mulher da periferia. Era tempo de Quaresma e estava na comunidade realizando a ação evangelizadora. Ela contava um fato que havia se passado no dia anterior, sexta-feira, quando pediu um prato de comida em uma casa, ao realizar a coleta de materiais recicláveis. A senhora que a atendeu disse que era dia de jejum e que por isso não lhe daria a comida. Essa mulher de periferia concluiu, dizendo: "quem sabe pela manhã que terá a mesa cheia à noite dificilmente entende o que é a fome". O jejum, para muitas pessoas, não passa de um tempo de espera pela comida, quando, na verdade, deveria ser um tempo de reflexão sobre a vida e o ser. A fome não pode ser confundida com o jejum, pois é uma ameaça à existência. O jejum é ação pedagógica e espiritual que possibilita vivenciar uma situação de carência para entender e aprender a viver bem, mesmo em situações extremas. A procura de si, dessa forma, coaduna com o esforço de encontrar uma razão profunda para a existência e, ao mesmo tempo, com a ação intencional de alinhamento do si próprio com o ser profundo em qualquer situação da vida.

Deserto e jejum são uma combinação que representa uma situação extrema de vida onde dinheiro, poder e fama não têm serventia. *O que faríamos perdidos no deserto com uma mala de dinheiro? Tiraríamos alguma vantagem de nossos títulos em uma situação assim?* São abundantes os exemplos de pessoas que transformam completamente as suas vidas após viverem situações-limite como um acidente, uma doença, a morte de uma pessoa que muito amam. Essas são algumas situações que representam o deserto existencial.

O fato bíblico aponta para a necessidade de um encontro com a existência nua e crua. *Quando o que temos não garante nem mesmo a sobrevivência, que dirá o sentido da vida, onde nos agarramos?!* É, então, quando estamos em melhores condições de encontrar com quem somos realmente e de entender as questões essenciais da vida. Como Jesus mantém essa procura de si ao longo de sua vida? Um dos sinais mais fortes e visíveis dessa busca continuada de Jesus na tensão entre a procura e a renúncia de si são as orações. Ao ser batizado Jesus se encontrava em oração, enquanto o céu se abria (Lc 3,21); após chamar alguns de seus discípulos e realizar diversas curas, Jesus, ainda de madrugada, retirou-se a um lugar deserto para rezar (Mc 1, 35); nos dias em que entrou em conflito com os fariseus a respeito do sábado, Jesus foi à montanha e passou a noite inteira em oração. No dia seguinte escolheu os seus discípulos (Lc 6,12-13); depois de coordenar a partilha dos pães, Jesus forçou os discípulos a saírem do local antes dele. Tendo despedido a multidão, foi à montanha para rezar (Mc 6,46); na montanha com Pedro, João e Tiago, enquanto rezava seu rosto se alterou e as suas vestes tornaram-se de fulgurante brancura (Lc 9,28-29); por insistência dos discípulos, Jesus ensinou-os a rezar. O Pai-Nosso é oração de procura e renúncia de si (Lc 11,1-4); estando próxima a sua prisão, Jesus pediu aos discípulos que esperassem enquanto ele rezava.

Jesus permaneceu quarenta dias e quarenta noites no deserto. O número quarenta tem sentido simbólico na Bíblia e na tradição da Igreja. No Êxodo, o povo que saiu da escravidão do Egito permaneceu quarenta anos no deserto, antes de entrar na terra prometida e operacionalizar uma nova organização social, política, econômica e religiosa. Os quarenta anos foram tempo de pensar, experimentar e assimilar uma nova organização social. Antes da Páscoa, celebramos o período da Quaresma, que vem de quarenta. Quarenta dias depois da Páscoa celebramos a Ascensão de Jesus. Que quer dizer esse número? Significa um tempo propício – cronológico e kairológico –, tempo de graça, de sentido qualitativo, vivido pelas pessoas no interior do tempo cronológico – para uma profunda avaliação da vida e, se necessário, uma mudança radical (a partir da raiz). *Qual o tempo que você cria para olhar, pensar, sentir e celebrar a sua existência?*

No deserto Jesus foi tentado pelo diabo. No grego, diabo significa *o acusador, o adversário*. Representa as ameaças que Jesus enfrentará na missão consigo mesmo e também na sua missão pública. São também as ameaças a uma existência humana mais profunda e autêntica. Podem ser vistas também como interditos para que o ser humano viva a vocação existencial e conquiste a felicidade. Três são as tentativas que o diabo leva a cabo para distorcer a existência. Vejamos cada uma delas, bem como o modo como Jesus reage diante delas.

A renúncia de si

Desenrola-se ao lado da procura o tema da renúncia de si. É o próprio Jesus que, nos Evangelhos, expressa com toda a força esse princípio que se impõe à ciência teológica e à espiritualidade: "Se alguém quiser vir após mim, renuncie a si mesmo, tome a sua cruz cada dia e siga-me" (Lc 9,23; Mt 16,24; Mc 8, 34).

A palavra renunciar vem de RE = contra; NUNCIARE = anúncio, informação. Significa, literalmente, contrainformar, argumentar contra, dar outro sentido. *Qual o significado existencial da renúncia de si?*

Ao analisarmos a procura de si já respondemos em parte esta questão. A procura do ser profundo implica, como vimos, o encontro ou reconciliação com aquilo que de fato compõe a essência da vida e a renúncia do que possa nos manter no periférico. No interior da antropologia cristã, a procura de si está associada à renúncia de si. O mestre Eckhart diria que, ao contrário do que possa aparentemente sugerir incompatibilidade, os dois movimentos existenciais se complementam.

Então, na linha de continuidade ao que vínhamos dizendo na procura de si, podemos seguir meditando sobre a necessidade da renúncia de si. Desde logo é mister dizer que não podemos confundir a renúncia de si com a fuga de si mesmo. Esquecer de si mesmo e mergulhar totalmente no trabalho, no projeto dos filhos, em uma obra social, em uma entidade ou movimento popular pode ser uma das mais sutis demonstrações de egoísmo, na medida em que o foco último da pessoa não é a missão a ser realizada, mas o puro interesse individual de fugir de si mesmo e não enfrentar a própria identidade. Não é difícil encontrarmos pais e mães que perdem o sentido da vida e mergulham na depressão após os filhos atingirem a autonomia e tocarem a própria vida. Há pessoas que, ao se aposentarem, veem surgir as doenças que não desenvolviam enquanto estavam na ativa. Ativistas e militantes que não conseguem suportar a inexistência de conflitos próprios do engajamento sociopolítico. "Hodiernamente, é importante que alcancemos um bom equilíbrio entre ambos os polos da autorrealização e da doação. Quando um polo é estabelecido de modo absoluto, então isso leva ou ao egoísmo a dois (coletivo) ou ao autossacrifício" (GRÜN, 2011, p. 123). Percebe-se, assim, que a renúncia de si supõe, necessariamente, a procura de si, enquanto a fuga de si evita a todo o custo a procura de si.

Se ainda não descobrimos a fórmula do sentido da vida, as tentativas de busca revelam algumas ameaças, que comporiam os núcleos da necessidade da renúncia de si. Os Evangelhos chamam isso de tentações.

A primeira ameaça à vida autêntica é ceder ao desejo de viver sem esforço, esperando que outras pessoas atendam as nossas necessidades, resolvam os nossos problemas e completem de sentido a nossa vida. Essa ameaça também se revela nas diversas tentativas de atribuir aos outros as dificuldades, desgraças e situações ruins da nossa própria vida. O diabo diz a Jesus: "Se és Filho de Deus, manda que estas pedras se transformem em pães". Ele duvida da identidade de Jesus e o provoca a fim de que a demonstre em forma de uso do poder. Tenta forçá-lo a usar o poder de Filho de Deus para resolver magicamente o problema das necessidades humanas, que era a sua necessidade existencial do momento, a fome.

O espírito diabólico, que divide, separa e desagrega, quer agir interiormente para direcionar as ações, atitudes e comportamentos da pessoa. Disputa o espaço com o Espírito Santo, que unifica, dá sentido e congrega. O diabo age para que a pessoa viva em função do si mesmo, ou seja, das necessidades fisiológicas, através do poder sobre os bens da natureza. Cedendo a essa tentação o ser humano se torna um depredador e consumidor contumaz dos recursos naturais, do tempo, do espaço, da paciência e da bondade das outras pessoas. A humanidade tem, hoje, condições de comunicar-se globalmente, o que é maravilhoso. Mas igual ou maior é o seu poder de destruição; basta ver as más condições atuais de vida no planeta, a multiplicação das guerras nos últimos anos e o arsenal nuclear capaz de destruir o planeta mais de trinta vezes.

O sentido possível, numa dimensão de *domínio e de apropriação consumidora*, não ultrapassa o nível da posse, do poder e do consumo. As atitudes decorrentes, apesar de na maioria das vezes visarem ao prazer imediato, são autodestruidoras no longo prazo.

A existência se constrói através do trabalho e das relações humanas. É preciso renunciar ao desejo de viver sem querer participar da construção da vida. Se quiser que algo aconteça, faça acontecer. Se quiser que algo mude, participe da mudança. O teólogo espanhol Andrés Torres Queiruga diz que Deus não faz aquilo que nós, seres humanos, podemos fazer e, por acomodação, preguiça ou indiferença, não fazemos. Na parábola *Quem mexeu no meu queijo*, Spencer Johnson coloca na boca de um dos duendes algo mais ou menos assim: *continuamos a fazer as mesmas coisas e perguntamos por que as coisas não mudam*. O ambiente e o contexto de vida influenciam na vocação e na profissão da pessoa, que também precisa assumir responsável e criativamente a sua parte.

O trabalho humano, porém, não encerra o seu sentido no nível da produção. Já dizia Marx, na *Ideologia alemã*, que é no trabalho que as pessoas se fazem. O trabalho alienado, ou seja, longe do sentido da existência, em vez de realizar, frustra. Ao trabalhar, o ser humano também se trabalha, ou seja, sua produção tem a ver com a construção da sua espiritualidade, do sentido para a sua vida e, nesse ponto, a renúncia de si encontra o verdadeiro sentido da procura de si. Então, trabalhar em algo que não traz realização faz mal para si e também para os outros que precisam compartilhar desse trabalho. É preciso trabalhar naquilo que conduz à realização; nem sempre esse trabalho condiz com o que gostamos ou com aquilo que nos causa prazer, mas ele nos torna melhores.

A segunda ameaça à vida autêntica é forçar ao máximo para colocar tudo a serviço de si mesmo. "Se és Filho de Deus, atira-te para baixo, porque está escrito: Ele dará ordem a seus anjos a teu respeito, e eles te tomarão pelas mãos, para que não tropeces em nenhuma pedra". O diabo demonstra conhecimento bíblico ao citar parte do Salmo 91. Vemos que o diabo é persistente e instruído. Seu argumento tem fundamento. Para quem não analisa as coisas com certa profundidade, os argumentos que defende o autobenefício são sempre mais convincentes. O diabo, com argumentação, quer que Jesus coloque a missão a serviço próprio. Em outras palavras, impele Jesus a buscar somente o próprio benefício e colocar-se no centro, como se ele mesmo fosse a razão última da missão. Qual é o interesse do diabo em fazer isso? O espírito que divide se sustenta na propagação da pseudoliberdade. Buscar o próprio benefício é uma boa justificativa para sacrificar as relações humanas que aperfeiçoam o ser e nos tornam melhores. Há uma ilusão de aumento de liberdade, já que o indivíduo se sente empoderado por ter incidência sobre os outros e o mundo. Contudo, essa *incidência sobre* prende as relações em vez de libertá-las. E o indivíduo fica dependente do domínio. O Mestre Eckhart diz haver "os que pensam que para se realizar têm que ter disto ou buscar aquilo, ir para tais e tais lugares ou encontrar-se com tal gente, proceder de tal maneira ou unir-se a este grupo ou fazer tal coisa. Não é por isto que este modo de ser ou estas coisas te criam obstáculos. És tu mesmo o obstáculo para ti mesmo nas coisas, pois te relacionas erroneamente com elas" (2005, p. 102). A pretensa liberdade se transforma em verdadeira dependência. Eis por que a afirmação da liberdade pelo *poder sobre* é uma confissão de sua própria inexistência e também está aí a necessidade de renunciar a esse tipo de autoafirmação. "A atitude livre é aquela de quem não se perturba com nada nem está preso a nada; nem condicionou a sua felicidade a uma situação dada. [...] Por isso, começa primeiro contigo mesmo. Não fujas de ti!" (idem, p. 102-103). Novamente neste ponto flagramos o encontro da renúncia com a procura de si.

A existência se realiza num sentido além do *si mesmo* e do *poder sobre*. Uma das tendências fortes do nosso tempo é o apelo para a busca da felicidade e da realização individuais, por meio de uma pretensa liberdade autossuficiente. Alguns pretensos mestres de plantão chegam a dizer que o importante é *estar de bem consigo mesmo*. Essa visão está acompanhada de um erro de compreensão, quando se tenta fazer tudo ter um retorno imediato, prazeroso e direto para um benefício individual. Então, passa-se a assumir e fazer somente aquilo em que se vê alguma vantagem ou prazer, geralmente associada aos aspectos sexual, material e financeiro, ou ao prestígio e ao poder. Paradoxalmente, essa postura conduz ao vazio existencial. Se o ensimesmamento trouxesse automaticamente a felicidade, pessoas egocêntricas e individualistas seriam altamente felizes. Ademais, ricos e famosos teriam os meios necessários para a felicidade. Sabemos, porém, que isso não é verdade. A realização humana se dá nas relações, na reciprocidade, no diálogo. Uma via de mão única direciona ao distanciamento do ser, não ao aprofundamento. De acordo com Lima Vaz, "se a figura do Eu antecede no discurso as relações de objetividade e intersubjetividade, de transcendência e de realização, ela só alcança sua plena inteligibilidade ao atingir a categoria da essência, quando a aparência do Eu abstrato que dá início ao discurso terá sido suprassumida no Eu concreto que existe efetivamente no seu relacionar-se com o mundo, com o outro e com a transcendência e que neste e por este relacionar-se, a si mesmo se realiza como pessoa" (1992, p. 52).

A terceira ameaça à vida autêntica vem da tentação de dar tudo, até a alma, pelo poder de possuir e governar. O acusador levou Jesus ao topo do mundo, mostrou todos os reinos e disse: "Tudo isto te darei, se, prostrado, me adorares". O adversário da existência quer comprar a alma de Jesus para mantê-lo sob o seu domínio. Em troca, dá o mundo e o poder de governá-lo. Uma proposta extremamente tentadora, se o olhar for conduzido por uma mentalidade instrumental capitalista. Mas há um preço a ser pago. Na verdade, o preço é a própria consequência de quem adota uma atitude de domínio e poder: dobra os joelhos para reverenciar aquilo que o mantém prisioneiro de aparências e troca a sua liberdade pela sensação de ter o mundo em suas mãos. Como é o caso dessa proposta diabólica, geralmente, o poder totalitário é pago com submissão.

A existência humana autêntica se realiza na construção de uma interioridade integrada e equilibrada e nas relações de diálogo; dimensões que não são garantidas pelos bens materiais que temos nem pelo poder que nos é conferido. "Temos dificuldade de renunciar porque nos identificamos com a propriedade, com o 'que-podemos-adquirir'. Esta identidade aparente, 'sou – o que tenho', é um aspecto imaturo do nosso ego. Distanciar-se do consumo e da propriedade exige uma grande medida de disciplina e orientação a outros conteúdos vitais" (ASSLANDER; GRÜN, 2014, p. 74).

A posse e o domínio formam, ao lado da fama, a tríade que ameaça a vida autêntica. Não porque sejam intrinsecamente más. Elas respondem a três grandes necessidades da existência: ter o suficiente para viver, ter de decidir e ser reconhecido. A ameaça começa a existir quando transformamos essas necessidades no sentido da vida. Para que vivemos? Para possuir mais e mais bens materiais? Para acumular poder sobre os outros? Para sermos famosos? Parece que isso ainda não responde ao sentido da vida. Entretanto, muitos são os que gastam a vida para ser ricos, governar e entrar para a lista das celebridades. Os *reality shows*, tais como o Big Brother, alimentam esse tipo de desejo e conduzem as pessoas ao vazio.

A existência humana é caminho feito de encontros e desencontros, de margens, placas, curvas, retas, aclives, declives, barreiras, locais de parada, sinaleiras, pontes, paisagens, perigos, radares, encruzilhadas, buracos, pedras. As condições da pista (contexto sociocultural, político, econômico), o clima (ambiente) e a postura do caminhante ou do motorista concorrem para fazer o caminho com segurança e concluir a viagem existencial.

Da pergunta à busca do sentido

Viver por quê? A vida tem sentido? Viver para quê? A vida tem uma finalidade? Leonardo Boff diz que "a vida possui um sentido em si mesma, pois é um valor último". Contudo, o autor reconhece em seguida que "a vida assim explicitada não mostra o seu valor. Ao concretizar-se no ato de viver, aparece o sentido inapelável da vida" (2002, p. 82). E é nesse ato de viver que a vida também mostra as suas possibilidades de ambiguidade, fuga e decadência. Definir o sentido da vida, ou seja, estabelecer os seus quadrantes, é pretensioso demais. Propomos, então, uma breve conversa sobre a busca do sentido. O sentido da vida, em última instância, vem de dentro para fora, mas não é produto único do indivíduo ou que se determine por um decreto, pois está no si próprio, que de "início e na maioria das vezes é impróprio, ou seja, o próprio-impessoal" (HEIDEGGER, 2005, p. 244). Isso faz do sentido da vida uma questão intrigante e complexa. Boff considera a opção pelo espírito decisiva para uma vida com sentido e pergunta: "Por que a opção pelo espírito é decisiva? Porque é a única forma de o ser humano garantir a sua vida. O sentido da vida é viver, irradiar vitalidade, escapar da morte, manter-ser no ser. Para isso deve aprender a ser" (BOFF, 2002, p. 81).

Um exemplo de busca bem-sucedida do sentido profundo da vida e de aprendizagem ontológica está relatado no evangelho de João, capítulo 4, versículos 1 a 45. É o encontro de Jesus, judeu da Galileia, com a mulher samaritana, da cidade de Sicar. O texto é, ao mesmo tempo, um caminho para o mergulho na profundidade da existência.

Cabe dizer que a reflexão realizada, apesar de utilizar um texto bíblico, não se prende aos parâmetros religiosos. Tomamos o texto bíblico como uma obra clássica, ou seja, detentor de uma mensagem paradigmática para a humanidade. Nesse sentido, a nossa reflexão assume contornos ontológicos, ou seja, a partir do ser. Portanto, esse texto se destina a todas as pessoas que buscam o sentido da vida e estão abertas para aprender a ser.

ESSÊNCIA, FINITUDE E TRANSCENDÊNCIA: METODOLOGIA PASTORAL E SENTIDO DA VIDA

Considerações iniciais

O evangelho de João olha diferentemente para a vida. "A vida que Jesus nos promete no evangelho de João é designada de vida eterna. A vida eterna não é somente a vida que nos espera após a morte. Ao contrário, é a vida na qual já *agora* o tempo e a eternidade coincidem. Posso perceber esta qualidade da vida à medida que busco viver atenta e completamente" (GRÜN, 2011, p. 94). A vida foi feita em Deus e é a luz da humanidade (Jo 1,4).

O evangelho de João foi escrito entre 90 e 110 d.C., em Éfeso, na Ásia Menor, atual Turquia. Pela natureza do texto podemos perceber que não nasceu da noite para o dia. Contém reflexões profundas sobre a fé e a evangelização, bem como o relato de conflitos e seus desfechos. Embora se diga que o discípulo que Jesus amava tenha sido o autor, o texto reúne uma série de episódios que dão vida à ideia de uma construção coletiva, de uma comunidade. José Bortolini diz que o evangelho de João "nasceu aos poucos, resultado da fé e da luta de várias gerações. É por isso que podemos considerá-lo herança de uma comunidade em que o amor era o valor absoluto" (1994, p. 12).

As comunidades que protagonizaram a experiência reunida no texto do evangelho são formadas por judeus, pagãos e samaritanos convertidos. Por reunir pessoas de cultura e tradições religiosas bastante diferentes, o texto é, por um lado, cheio de conflitos e, por outro, repleto de sinais profundos do Verbo encarnado, que ultrapassa limites e preconceitos culturais, sociais e religiosos. As comunidades joaninas, como bem expressou Bortolini, vivem intensamente a experiência do amor. "Contudo, o amor é mais do que sentimento. O amor é uma qualidade do ser" (GRÜN, 2011, p. 52) e se relaciona com o espírito. Enquanto qualidade o amor atinge o ser por inteiro. Essa tensão entre cultura e espírito faz desse evangelho uma referência quando o assunto é sentido da vida.

O evangelho de João contém uma nova visão sobre a vida e a fé, não mais em dependência à cultura, mas em espírito e verdade.

O conjunto do texto de Jo 4,1-45 revela uma dinâmica de busca do sentido da vida. Essa busca começa na pessoa consigo mesma, desenrola-se no encontro com outras pessoas e conduz a um retorno diferenciado para dentro de si mesmo.

Seguindo o texto, passo a passo, detalhadamente, identificamos uma série de aspectos relevantes dessa busca. Veremos que não são lineares e ascendentes como uma escada. Há um ir e vir, avanços e recuos, perguntas e respostas, que evidenciam o movimento da vida. Pedagogicamente vemos nesse movimento um processo de diálogo reflexivo-meditativo.

Nesta segunda parte, nossa intenção é problematizar o texto do evangelho, do encontro de Jesus com a samaritana, sob a perspectiva existencial-metodológica. "A história da samaritana é a história de um desejo que rejeita ser satisfeito por objetos; de um vazio que não aceita ser preenchido por ninharias; de uma carência que não se deixa seduzir pelo grande número de engodos que lhe são propostos (por diferentes materialismos, psicologismos ou espiritualismos)" (BENSAID; LELOUP, 2006, p. 87-88). A problematização dessa referência bíblica de busca autêntica do sentido será trabalhada na terceira parte, onde vamos buscar respostas às perguntas levantadas, já indicando aspectos centrais de uma metodologia pastoral na perspectiva de espiritualidade cotidiana.

Finitude e itinerância existencial

Dado que certamente passa despercebido em uma leitura rápida do evangelho de João é que Jesus está sempre a caminho, como alguém consciente da inconclusão ontológica e da itinerância existencial. Jesus se aproxima de João (Jo 1,29), que provavelmente se encontra na região do rio Jordão; em seguida vai a Caná da Galileia para participar de um casamento de bodas (Jo 2); depois se dirige a Jerusalém para a Festa da Páscoa (Jo 3,13), ocasião na qual se encontra com Nicodemos (Jo 3,1); e logo sai de Jerusalém e vai para o território da Judeia com os discípulos (Jo 3,22). Esse movimento se manterá bem vivo por todo o texto do evangelho. Ademais, a declaração da inconclusão humana e da itinerância missionária parte da boca do próprio Jesus, quando justifica a Nicodemos o que significa nascer de novo. Ele diz: "O vento[1] sopra onde quer e ouves o seu ruído, mas não sabes de onde vem nem

---

[1] Segundo a Bíblia, edição de Jerusalém, tanto no grego como no aramaico, a mesma palavra designa vento e espírito.

para onde vai. Assim acontece com todo aquele que nasceu do Espírito" (Jo 3,8).

O ser humano está em movimento de construção, não está pronto e acabado. "A dimensão da vida como caminho revela que o ser humano é essencialmente *viator*, um viageiro. Não possui ainda a vida em plenitude. Não acabou de nascer. Cumpre andar sempre até acabar de chegar a si mesmo. Parar já é recuar" (BOFF, 2002, p. 69). O ser vai se fazendo na vida e com outras pessoas, contudo, o que resta é "o *meu* caminho e a *minha* direção na vida. Não se trata mais de um caminho como algo já feito e construído do qual faço uso; trata-se de um caminhar" (idem, p. 70). A obra existencial pode estar fundamentada sobre a areia ou sobre a rocha (Mt 7,24-27). Podemos levantar a existência com material frágil, apesar de aparentemente bom, como o ativismo de Marta (Lc 10,38-42), ou com material considerado forte por fora, mas oco por dentro, como a compreensão de Nicodemos. É possível também erguer a existência sobre a Palavra, que é vida e verdade. E, segundo o evangelho de João, ela dá "o Espírito sem medida" (Jo 3,34).

Aquele que nasceu do Espírito – que encontrou um caminho para o sentido verdadeiro da vida – vive também o movimento da missão. Missão com si mesmo na construção de sua existência sobre base forte, que mesmo as intempéries da vida não consigam pôr abaixo; missão com os outros na edificação de um mundo de verdade e vida; missão com toda a criação no cuidado para com tudo o que foi feito nele: a vida (Jo 1,4).

Há dados muito significativos sob o ponto de vista metodológico-pedagógico que antecedem o capítulo 4, quais sejam: quem é Jesus e o que faz.

O prólogo do evangelho (Jo 1,1-18) dá resposta à primeira questão: Jesus Cristo é a Palavra, o verbo que era Deus, estava em Deus, por meio dele tudo foi feito e habitou entre nós. É vida e luz verdadeiras. Essa apresentação sumária e extremamente profunda de Jesus dá o tom do que virá em seguida no evangelho: uma Palavra de sentido profundo para a vida, uma luz verdadeira para dissipar as trevas. Para dirimir as dúvidas, João se autoapresenta como *voz*, pois a Palavra – Verbo – é o próprio Deus, que habita entre nós. Aparece desde logo aquilo que deve orientar a relação entre as pessoas: o próprio Deus, o ser totalmente próprio, sua palavra e vontade. Ele habita, ou seja, faz morada, se estabelece e vive entre as pessoas como que sendo sua luz e guia. Se há algo, pois, que permanece na inconclusão da vida e na itinerância existencial é a Palavra vivificante e iluminadora.

João batiza com água, mas o Batismo de Jesus tem algo a mais: o Espírito Santo. Aos que aceitam a Palavra, a Luz Verdadeira, e creem em seu nome ele dá *o poder de tornarem-se filhos de Deus* (Jo 1,12). O sentido da vida vem do céu, mas não cai do céu. É efeito de aceitação, fé e encarnação da Palavra. Isso se torna mais vívido e límpido no encontro de Jesus com Nicodemos. Jesus diz com todas as letras que quem não *nascer da água e do Espírito não pode entrar no Reino dos Céus* (Jo 3,5). Nicodemos é um notável fariseu, guardião das leis e da tradição judaica. A lei dá a ele segurança, mas, da mesma forma, o impele para o impessoal. Parece que ele não está tão seguro de si, pois veio encontrar-se com Jesus, à noite. O fato de ser à noite é revelador: ele está no caminho das trevas, não no da luz. A lei é letra e pode ser cega. A Palavra, ao contrário, é sentido e fundamento. Aquela prescreve obrigações, muitas delas externas e injustas. É capaz até de acabar com a alegria de uma festa (Jo 2,3b) e justificar a morte. Foi por meio dela que os judeus justificaram a morte de Jesus, dizendo: "Nós temos uma lei e, conforme essa lei, ele deve morrer" (Jo 19,7). A Palavra é amor e gera vida em abundância para todos (Jo 10,10). Devolve alegria à festa (Jo 2,6-10), ressuscita a vida e dá liberdade (Jo 11,43-44). Nicodemos precisa nascer de novo, não biologicamente, mas espiritualmente. Precisa nascer novamente a partir de dentro dele mesmo. Mudar o fundamento do sentido do seu ser. Para tanto, precisa se transformar. Mudar não é algo simples e pode ser comparado a um novo nascimento. Nicodemos é um homem inteligente. Ele reconhece que há Deus em Jesus pelas ações que realiza. Contudo, não basta compreender, e isso Jesus deixa claro também aos discípulos após o lava-pés, quando diz: "Se compreenderes isso e o praticardes, felizes sereis" (Jo 13,17). Saber o que gera vida e agir segundo o que gera a morte é incoerência, mas está no horizonte das possibilidades da existência. Eis a necessidade de se nascer de novo, de compreender e agir para uma nova vida. Jesus arremata a conversa com Nicodemos da seguinte forma: "quem pratica a verdade vem para a luz, para que se manifeste que suas obras são feitas em Deus" (Jo 3,21), isso soa irônico para quem procurou Jesus à noite. Mas, para isso, é preciso morrer para a mentira e, talvez, este seja o motivo pelo qual o evangelho não dá o desfecho da história. Será que Nicodemos morreu para a lei, para o título e para o *status* de fariseu, a fim de nascer para a verdade? Eis aqui, também, um grande dilema de muitas pessoas.

Jesus se encontrava na Judeia quando soube que as ações missionárias de sua equipe chegaram aos ouvidos dos fariseus, que, obviamente, enviariam mensageiros para questioná-lo a respeito, do mesmo modo que fizeram com João (1,19). Ele decide retornar à Galileia. Há pelo menos duas opções: seguir pelo caminho mais comum, através do Jordão, ou passar pela Samaria, região habitada por um povo odiado pelos judeus, os samaritanos. O texto do evangelho, porém, não dá a entender que haja dois caminhos. Diz, enfaticamente, que "Era preciso passar pela Samaria" (Jo 4,4). Que há de especial nessa região além de um possível encontro com pessoas que a tradição judaica repudiava?

Ao caminhar em território samaritano, Jesus se aproximou de um povoado chamado Sicar, que ficava ao pé de um monte. Próximo ao local havia um poço, conhecido como poço de Jacó. Segundo a tradição dos samaritanos, o poço era herança que Jacó havia dado ao filho José e simbolizava uma aliança divina. Era por volta de meio-dia. Numa região que durante o dia faz calor insuportável, é possível que os viajantes tenham sentido sede e cansaço. Bons motivos para uma parada. Pela divergência e os tradicionais conflitos[2] entre os dois povos, seria mesmo prudente parar e acampar longe do povoado e dos locais de passagem dos samaritanos para evitar conflito. No entanto, o texto diz que "Jesus sentou-se junto à fonte" (Jo 4,5-6). A atitude de Jesus surpreende novamente e faz pensar: o que Jesus procura ali? Está querendo briga? Além de passar pelo território inimigo, ocupa um lugar referencial daquele povo, o poço!

Diálogo, caminho para a transcendência existencial

Nesse meio-tempo uma mulher samaritana se aproxima da fonte para tirar água. Provavelmente, ao notar a presença de um judeu a mulher tenha evitado olhar e apressado a sua tarefa. Seria

---

[2] "O conflito pode ser uma oportunidade de, a partir dos pontos superficiais de atrito, alcançar a profundidade, lá onde temos nosso fundamento comum" (GRÜN, 2011, p. 151).

inconveniente e perigoso permanecer no local por muito tempo. Talvez, em seu interior, já planejasse as palavras para anunciar aos seus conterrâneos: um judeu está sentado junto ao poço. Isso provocaria revolta e, com grande probabilidade, uma comissão seria enviada para expulsar o importuno. Não é por menos. O poço era um centro de referência e encontro da pessoa e da comunidade samaritana. Contra todas as expectativas da mulher, o judeu pede ajuda: "Dá-me de beber!". Ele está sozinho. Os discípulos foram aos arredores do povoado para comprar comida e, imaginavam, seguir logo a caminhada para vadear a região e evitar contato com aquele povo. A mulher, provocada, responde: "Como, sendo judeu, tu me pedes de beber, a mim que sou samaritana?". De fato a situação é atípica e extraordinária. Há que se ter uma razão muito especial para um homem judeu, que pela lei tinha razões de sobra para não estar ali, puxar conversa e, mais que isso, pedir água a uma mulher estrangeira, especialmente a uma samaritana (Jo 4,7-9).

A pergunta da mulher é devida e merece ser respondida. Mas a resposta, à primeira vista, é ainda mais estranha que a situação. Jesus diz: "Se conhecesses o dom de Deus e quem é que te diz: 'Dá-me de beber', tu é que lhe pedirias e ele te daria água viva!". A mulher não conhecia o homem que estava à sua frente, entretanto, sabia que era judeu, além de estar ciente de que os judeus se consideravam superiores aos samaritanos. Seria a resposta de Jesus uma provocação? Estaria tentando convencê-la da necessidade de os samaritanos beberem da fonte dos judeus? Afinal, por que é que ele havia pedido de beber se tem água melhor? (Jo 4,10).

Vendo que as condições eram favoráveis a ela, a mulher não deixou por menos e indagou: "Senhor, nem sequer tens uma vasilha e o poço é profundo; de onde, pois, tiras essa água viva? És, porventura, maior que o nosso pai Jacó, que nos deu este poço, do qual ele mesmo bebeu, assim como seus filhos e seus animais?". A resposta indagativa da samaritana ganha tons de ironia. Quem estava precisando de ajuda ali era ele. Ela é quem detinha a ferramenta necessária para tirar a água do poço. Quem *este judeu pensa que é*, deve ter passado pela sua cabeça (Jo 4,11-12).

Jesus insiste e leva a conversa para as necessidades mais profundas da samaritana e dos seres humanos: há um tipo de sede que a água daquele poço não sacia. Parece emergir uma razão que justificaria a presença daquele homem junto ao poço e sua ousadia em dialogar com uma mulher samaritana. "Jesus lhe respondeu: 'Aquele que bebe desta água terá sede novamente; mas quem beber da água que eu lhe darei, nunca mais terá sede. Pois a água que eu lhe der tornar-se-á nele uma fonte de água jorrando para a vida eterna'" (Jo 4,13-14). Há coisas novas na fala de Jesus: *uma fonte que jorra para a vida eterna*. A fonte de Jacó era imprescindível para os samaritanos, pois a água é um elemento essencial da vida. Sem aquela fonte a vida em Sicar não seria possível. Disso a mulher estava ciente e não tinha dúvida. Agora, haveria uma água melhor do que aquela? Uma fonte abundante capaz de gerar vida ainda mais plena, a ponto de ser comparada com a vida eterna? Qual a diferença entre a fonte material e essa nova fonte que jorra para a vida eterna?

A novidade desperta o interesse, a curiosidade e o desejo de provar o que há de melhor. O que prova que a mulher não está convencida de que sua fonte a realiza. Há, no fundo, um desejo de plenitude, mesmo dentro da finitude e da inconclusão humana. Ela quer provar do sentido que realiza profundamente e, assim, passa da situação de ofertante para a de solicitante. Jesus, que no início pediu, passa a oferecer, evidenciando o movimento de diálogo e troca para o crescimento mútuo. A mulher pede: "Senhor, dá-me dessa água, para que eu não tenha mais sede, nem tenha que vir mais aqui para tirá-la!" (Jo 4,15). A samaritana quer mais do que é possível. Seu desejo é insaciável e ultrapassa a possibilidade humana. Isso brota da alegria da descoberta da possibilidade de ser mais e do desejo de infinitude. Ela não quer mais ter sede nem mesmo fazer esforço para saciar-se. Quer pôr fim em sua necessidade, o que, humanamente falando, não é possível. Encontrar um sentido não significa saciar-se definitivamente, mas profundamente, como ser e pessoa. A busca será constante e a plenitude se alarga e aprofunda a cada dia.

Jesus é quem agora conduz o diálogo. Ele provocou o afloramento da necessidade de sentido e precisa dar uma direção para que não descambe por caminhos mágicos. Ele introduz na conversa um tema que soa estranho. Diz à mulher: "Vai, chama o teu marido e volta aqui". O casamento lembra aliança, compromisso e cumplicidade. Talvez confusa, pela mudança de rumo da conversa, a mulher revela que não tem marido. Jesus continua: "Falaste bem: 'não tenho marido', pois tiveste cinco maridos e o que agora tens não é teu marido; nisso falaste a verdade". Há motivos para a mulher desejar beber da água que Jesus tem para oferecer: ela está profundamente dividida e não encontrou ainda o que lhe possa realizar. Ficou para ela uma esperança de poder aliar-se definitivamente com um sentido em que possa assentar a sua vida (Jo 4,16-18).

Verdade, essência da existência

A mulher, entregue ao diálogo, dá a ela mesma e ao interlocutor a oportunidade de ir além do senso comum cultural e avançar além do previsível para ser mais. As perguntas começam a atingir um nível existencial antes encoberto pelas crenças erigidas pela tradição e mantidas sem questionamento. A samaritana, confiante nas novas possibilidades que viu abrirem-se diante dos olhos, sente-se à vontade para questionar mais. Há um desejo de saber a verdade. Afinal, o que é a verdade? Quem a detém? Onde encontrá-la? O questionamento é realizado afirmativamente: "Senhor, vejo que és um profeta... Nossos pais adoraram sobre esta montanha, mas vós dizeis: é em Jerusalém que está o lugar onde é preciso adorar". É possível que ela desejasse saber o local onde buscar o sentido, como se ele fosse algo dado de fora. Tendo essa informação seria uma questão de tempo para deslocar-se até lá e ter, enfim, o acesso a ele (Jo 4,19-20). Se fosse assim tão fácil o problema do sentido da vida, poderia ser resolvido pela proliferação das igrejas e templos.

O fato é que Jesus também se entregou ao diálogo e, assim, abriu também a cortina cultural judaica para ver no horizonte uma luz verdadeira. Sua esperança o faz penetrar até o outro lado da cortina (Hb 6,19). O judaísmo da época firmava-se sobre a base da tradição, que se sustentava sobre a Lei e os Profetas. Jerusalém, além de ser lugar de culto e centro irradiador da cultura judaica, era a cidade santa, que abrigava o Templo, onde estavam os sinais visíveis da aliança (Ex 25). Havia um grupo de judeus que não aceitava o que estava fora dessa perspectiva. A cultura é um substrato que nos fornece bases para nos movimentarmos no mundo. Quando ela deixa de ser esse substrato e passa a ocupar o lugar do que é sagrado, transforma-se em justificativa para barbáries, como foi o holocausto. Jesus consegue subir nos ombros desse gigante – a cultura – para olhar além. A partir de uma visão intercultural é que responde à mulher samaritana, indicando um caminho novo: "Crê, mulher, vem a hora em que nem sobre esta montanha nem em Jerusalém adorarei o Pai. Vós adorais o que não conheceis; nós adoramos o que conhecemos, porque a salvação vem dos judeus. Mas vem a hora – e é agora – em que os verdadeiros adoradores adorarão o Pai *em espírito e verdade*, pois tais são os adoradores que o Pai procura. Deus é espírito e aqueles que o adoram devem adorá-lo em espírito e verdade" (Jo 4,21-24. Grifo meu). Jesus não elimina os sinais visíveis, os meios materiais, nem os locais de culto. Estes aspectos são parte da vida humana e por meio deles se busca a transcendência. A questão está no ponto central e fundamental: em que espírito vivemos e realizamos a missão? Somos verdadeiros? Que verdade há em nós que nos sustenta? Qual a verdade que a nossa vida anuncia?

A conversa chegou a um ponto que não se esperava. A princípio, judeus e samaritanos, em termos religiosos, estavam resolvidos, cada um a seu modo e lugar. Não haveria necessidade e espaço para novas perguntas. Mas como manter escondidas as insatisfações e sofrimentos de uma vida sem sentido? A religião é capaz, mesmo assentada sobre a areia, de manter encoberta a necessidade de uma vida plena? Até que ponto uma pessoa consegue se manter fundamentada em coisas, preceitos, regras e ritos que sempre deve buscar fora de si? A mulher abre o jogo e revela uma esperança que mantém viva dentro dela: a da vinda de um Messias, Cristo, que anunciará tudo (Jo 4,25). A palavra Cristo vem do grego *Christós*, que significa ungido. Era costume ungir--se, ou seja, limpar-se para estar diante de Deus. O que significa, em palavras diretas, apresentar-se como ser verdadeiro. Jesus é culturalmente judeu e vive em espírito verdadeiro. À pergunta da samaritana ele responde: "Sou eu que falo contigo" (Jo 4,26). Ao que parece, aquilo que Jesus diz em relação ao sábado pode ser aplicado também à cultura: a cultura foi feita para o ser humano, e não este para aquela (Mc 2,27).

A cultura, porém, não somente sobrevive dentro de nós, mas nas convenções e regras sociais a que somos sempre relembrados em caso de uma transgressão. Os discípulos, que há um tempo deixaram Jesus sozinho para ir até o povoado comprar alimentos, retornaram e viram-se culturalmente traídos: "admiravam-se de que falasse com uma mulher; nenhum deles, porém, lhe perguntou: 'Que procuras?' ou: 'O que falas com ela?'" (Jo 4,27). Jesus não suprime a sua cultura nem a condena como má, mas não é em nome dela que ataca e condena as outras culturas. O critério para uma interação entre pares e entre diferentes parece não ser a cultura, mas a verdade, que pode estar em semente em todas as culturas. Mas os discípulos estão determinados pelo critério cultural e, dessa forma, defenderão o que sua cultura define como certo e atacarão o que vem em posição contrária. Acontece que a posição contrária, neste caso, veio do seu próprio mestre, e isso os deixa embaraçados.

E a mulher? Esta deixou o balde e correu para a cidade para chamar outras pessoas de seu povo. Ela ficou tão contente com o que ocorreu que quer compartilhar com todos. Suspeita de ter encontrado com o ser verdadeiro e deseja que outros possam também experimentar essa verdade. O povo, ao ouvir a mulher, diferentemente dos discípulos, deixou a cidade e foi ao encontro de Jesus. Há o movimento de sair e deixar, de retornar, anunciar e sair novamente para encontrar-se. Tensão essa própria de um processo educativo transformador bem-sucedido, que provoca desacomodação e gera liberdade (Jo 4,28-30).

Os discípulos estão preocupados com Jesus. Primeiro o surpreenderam falando com uma mulher estrangeira e agora ele, parecendo uma criança mimada, se nega a comer, embora os discípulos implorem. "Que aconteceu com ele?", devem estar se perguntando os discípulos. Jesus atingiu, com a samaritana, um nível de verdade que transcende a cultura. É dessa verdade que quer alimentar-se, por isso diz: "Meu alimento é fazer a vontade daquele que me enviou e consumar a sua obra. Não dizeis vós: 'Ainda quatro meses e chegará a colheita?'. Pois bem, eu vos digo: Erguei vossos olhos e vede os campos: estão brancos para a colheita. Já o ceifeiro recebe o seu salário e recolhe fruto para a vida eterna, para que o semeador se alegre juntamente com o ceifeiro. Aqui, pois, se verifica o provérbio: 'um é o que semeia, outro o que ceifa'. Eu vos enviei a ceifar onde não trabalhastes; outros trabalharam e vós entrastes no trabalho deles" (Jo 4,34-38). É muito difícil e caro aos discípulos perceber na Samaria um campo de colheita. Que frutos haveriam de encontrar em um povo inimigo? Jesus pede apenas para que ergam os olhos, pois os campos estão brancos para a colheita.

Os samaritanos encontram Jesus assim como o anunciou a mulher. Alguns deles, mais sensíveis à fé, creram pelo testemunho da mulher e o convidaram para permanecer com eles. Jesus tornou-se hóspede durante dois dias, gozando da hospitalidade de uma companhia havia pouco indesejada. Durante o tempo que permaneceu ali muitos outros samaritanos conversaram com ele e experimentaram o seu ser verdadeiro (Jo 4,39-42). "Depois daqueles dois dias, ele partiu de lá para a Galileia" (Jo 4,43).

ESPIRITUALIDADE COTIDIANA: MAIS SENTIDO À VIDA E AO TRABALHO

Antes de entrar na reflexão do tema é necessário explicar o pleonasmo anunciado no subtítulo desta terceira parte. Falamos da separação vida e trabalho. Quando separamos propositalmente vida e trabalho não estamos querendo dizer que são coisas distintas e separadas, pois isso seria inconsistente sob diversos pontos de vista, dentre os quais o filosófico, o científico e o espiritual. Contudo, existencialmente é comum separarmos vida e trabalho quando dizemos: "o trabalho absorve os meus dias, não tenho tempo para viver" ou ainda "vou trabalhar menos e viver mais". A indagação de Eliot, citada no início deste livro, vai à mesma direção. Ele pergunta: "Onde está a vida que perdemos vivendo?". Nestas afirmações, que certamente já ouvimos muitas vezes, o trabalho adquire um sentido de algo a ser feito para os outros, como um meio de vida, uma ocupação impessoal. Por meio dele, mas não nele, a vida melhor seria possível. Assim, encaramos o trabalho como sacrifício legítimo. Uma espécie de tortura necessária para em outros momentos gozar de uma vida melhor. E fica em aberto a pergunta: onde estaria a vida melhor? O trabalho faz parte da vida, é atividade criadora, e precisa ser integrado a ela como algo bom e realizador. "A experiência existencial no convívio e na atividade criadora permite que os envolvidos imerjam na vida e vivenciem a felicidade" (ASSLANDER e LELOUP, 2014, p. 94). Caso contrário, dois terços da nossa vida serão um pesaroso sacrifício para vivermos um terço apenas. Melhor é vivermos a vida toda com mais sentido.

O texto que segue procura detalhar esse caminho, na dialética da vida, sob a perspectiva da espiritualidade cotidiana, retomando aspectos que foram problematizados de maneira geral na segunda parte. Os aspectos que seguem não pretendem ser uma sequência linear, antes se mostram, assim como o próprio diálogo de Jesus com a samaritana, um movimento de tensão dialética, que supera, guarda, retoma, sintetiza, aprofunda, avança. Cada um dos aspectos desenvolvidos é como que situações de vida e possibilidade da ação humana.

Desenvolver a capacidade de decidir

Jesus decide passar pela Samaria.

O evangelho diz que Jesus estava na Judeia e "precisava passar pela Samaria". O caminho normal dos judeus era pelo outro lado do Jordão, já que havia uma divergência antiga entre judeus e samaritanos. Sabemos, por experiência própria, que não é confortável encontrarmos com pessoas com as quais temos alguma divergência. É um tipo de encontro que evitaríamos a todo custo. A inclinação cultural do senso comum judaico de Jesus seria decidir não passar pela Samaria. Dessa forma, é possível perceber que Jesus tomou essa decisão depois de uma reflexão que o fez tomar rumo diferente do comum. Por que Jesus haveria de passar por um lugar onde, com muita probabilidade, encontraria com pessoas hostis à sua presença?

O termo "precisava" não quer dizer que a Samaria fosse o único caminho geográfico para se chegar à Judeia. Indica, antes, que a Samaria é região de missão. Há algo a ser feito, a ser experimentado, a ser aprendido e a ser ensinado nessa região. Mais que isso: a missão a ser realizada envolve pessoas com as quais não se tem boa relação. Se comumente resistimos a uma nova missão por prendermo-nos às seguranças da rotina, imagine em qual grau de dificuldade se eleva uma missão na qual enfrentaremos pessoas indesejadas. Essa missão somente se realizará se houver opção decidida. Ao fazer essa opção deixamos para traz o conforto do já conhecido para ingressarmos no nebuloso campo do indeterminado; em contrapartida, teremos grande chance de descobrir coisas novas que o lugar-comum já não nos ensina. Jesus vê aí a oportunidade de ajudar as pessoas e de ele próprio crescer como pessoa. Mas, para que essa oportunidade se transforme em realidade, ele precisa se decidir por ela.

Decidir é uma das exigências mais difíceis da condição humana. Etimologicamente vem do latim *decidire* que significa *cortar*. A decisão envolve corte e ruptura. Pede renúncia de um lado e comprometimento com o outro. *Decidir passar pela Samaria* é assumir um caminho diferente do normal. Faz parte da condição humana a necessidade de posicionar-se e, ao mesmo tempo, a tendência a acomodar-se com aquilo que já está posto. Se tomarmos as decisões sem reflexão e meditação, pode prevalecer a atitude de autodefesa, que não se baseia necessariamente em critérios éticos, mas no instinto de sobrevivência e autoproteção.

A decisão de Jesus transgride uma posição existencial: a de que haveria pessoas que por cultura, cor, sexo, posição social, riqueza ou poder seriam melhores do que outras. Os judeus daquele tempo se consideravam escolhidos e preferidos de Deus, portanto, melhores, e viam os estrangeiros, especialmente os samaritanos, como pessoas de categoria inferior e passíveis de escárnio. Uma decisão instintiva ou que se baseasse no senso comum cultural não titubearia em desviar a rota da Samaria. Decidir contra o instinto de autoproteção e o senso comum cultural é possível se houver posicionamento interior em favor de princípios que sejam considerados melhores e mais nobres. O esforço e o sofrimento da mudança se justificam pela intenção altruísta e os princípios universais.

A decisão de Jesus é um pré-reconhecimento da dignidade do outro (samaritanos), sobrepondo-a aos preconceitos de raça, cor, sexo, religião ou condição social. O preconceito causa a miopia da consciência, encurta a visão e subestima os desafios. Uma existência que se pretende autêntica não se acomoda à superfície, ao contrário, vai a fundo, deseja a sabedoria e a vida, além da informação esparsa e frágil anunciada nos rótulos. É pré-reconhecimento, pois se transformará em reconhecimento quando for recíproco. "Na relação intersubjetiva, enquanto propriamente *reconhecimento*, temos a identidade na diferença do Eu, fazendo face à identidade na diferença do outro Eu, vale dizer, temos a afirmação recíproca do *outro* como *Eu*" (LIMA VAZ, 1992, p. 66-67). Se não fosse assim, prevaleceria a primazia do mais forte. Depreende-se, portanto, que a relação intersubjetiva verdadeira somente é possível no reconhecimento.

Passamos boa parte do tempo sem ter que decidir. Seguimos decisões que outros tomaram, muitas vezes, sem perguntar se são boas ou ruins, se geram a vida ou a comprometem. Também enfrentamos situações em que resistimos à tomada de decisões.

O fato de não querer se posicionar já é uma decisão, de modo que, para o ser humano, não existe a possibilidade de não decidir. Há, sim, um terceiro lado, que é o de omitir-se. A omissão é uma dupla ruptura com a existência. Comparando a um jogo de futebol, a atitude de quem se omite na vida é semelhante a de quem está jogando e não aceita sair ou tomar uma posição. Além de ficar completamente perdido, ocupa um lugar em campo e atrapalha quem está comprometido com o jogo.

A decisão de Jesus é expressão de sua determinação. Há uma missão para ser feita. Interpor razões para não fazê-la ou omitir-se manterá tudo como está. É preciso agir, apesar de todas as dificuldades que se apresentam. Se quisermos que algo mude, devemos fazer algo diferente, escolher novos rumos. Quanto maior a missão, mais difícil será a decisão e maior também será a conquista e o crescimento, se o momento decisivo for enfrentado com sucesso.

Além disso, o "precisava passar pela Samaria" aponta para a alegoria do caminho, muito forte nas literaturas lucana e joanina e extremamente significativa para a busca do sentido da vida:

a) na *perspectiva existencial, caminho* significa *processo de diálogo* em que as pessoas envolvidas partem para a conversação – alternada ou aleatória –, um considerando a palavra do outro, com abertura para o questionamento das próprias certezas e a possibilidade de um final além das posições individuais. Há, nesse sentido, uma expectativa de romper limites e atingir níveis mais profundos da existência;

b) na *perspectiva teológica* das comunidades protagonistas das experiências que deram origem ao texto do evangelho, Jesus é o caminho. Sua pessoa, com sua metodologia, seu modo de ser e de agir. Grandes líderes são sempre boa inspiração. Eles indicam caminhos por meio dos quais podemos aprender importantes lições, mas trilhá-los depende de determinação interior;

c) na *perspectiva pedagógica e metodológica*, caminho é o que liga a realidade ao sonho possível. É um espaço-tempo a ser construído e vivenciado como processo de alcance e gozo da finalidade desejada a partir de uma situação determinada.

Jesus sabia que para ser em tudo testemunha do amor era preciso vencer os preconceitos, romper com as normas injustas e atingir um princípio de vida bom para todos, não gregário nem sectarista.

Há questões existenciais que, pelas atividades rotineiras do cotidiano, transferimos sempre para o dia seguinte, o próximo mês, o ano vindouro. Então, passamos uma vida inteira sem enfrentá-las, ou seja, sem fazer o caminho existencial necessário para o ser mais. Precisamos caminhar pelas questões fundamentais da vida – elas são a região de missão que existe dentro de nós mesmos. Quais são as nossas Samarias? Quais samaritanas precisamos encontrar? Qual decisão é necessário tomar agora, com urgência, para melhorar a nossa vida?

É fundamental trabalhar e desenvolver a capacidade de tomar decisões. Decidir e realizar, sempre partindo do que é essencial, como a vida, a justiça, o amor, a solidariedade. Peter Drucker, um dos mais renomados autores sobre gestão, mostra que "onde há uma empresa de sucesso, um dia alguém tomou uma decisão valente". A empresa, de que fala Drucker, para nós, é a nossa própria vida.

Ser determinado, não arrogante; audacioso, não aventureiro. Cultivar valores que nos façam ser melhor. Escolher novos caminhos quando pretendemos que algo mude para melhor. Fazer o que sempre fazemos manterá tudo como está e obteremos os mesmos resultados de sempre. Alexander Grahan Bell, precursor nas pesquisas que conduziram à invenção da fibra ótica, é ainda mais ousado ao afirmar categoricamente: "Nunca ande pelo caminho traçado, pois ele conduz somente até onde outros já foram".

O Salmo 16 diz: "Por isso meu coração se alegra, minhas entranhas exultam e meu corpo repousa em segurança. [...] Ensinar-me-ás o caminho da vida, cheio de alegrias em tua presença" (9.11).

Tornar-se próximo

Jesus aproxima-se de Sicar.

A cidade de Sicar, antiga Siquém e atual povoado de Askar, na Turquia, segundo o próprio texto bíblico, está situada próximo à região que Jacó tinha dado ao seu filho José, onde havia um poço. É uma região historicamente significativa para a cultura samaritana. O poço é herança de antepassados e sinal visível da manutenção de uma aliança antiga de Deus com aquele povo. Há aí um universo simbólico carregado de sentido, que se fundamenta em costumes tidos como sagrados.

Jesus toma a iniciativa de se aproximar, apesar do conflito entre os dois povos. Essa iniciativa está embasada em sua decisão anterior de passar por ali. Se for para passar direto, então melhor teria sido a escolha do outro caminho, para nem mesmo cruzar com os samaritanos e evitar possível mal-estar. A missão precisa ser realizada e, para tanto, os conflitos e barreiras devem ser superados. Quando há um conflito ou uma desavença, o início da solução é um dos lados tomar a iniciativa da reaproximação. Os conflitos fazem parte da vida e acontecem em casa, na rua e no trabalho, onde existirem pessoas. Pequenos conflitos entre marido e esposa que não venham a ser solucionados podem se avolumar e estourar mais tarde como avalanche, destruindo um casamento. E, muitas vezes, os conflitos permanecem por puro orgulho e falta de humildade de uma ou de ambas as partes que não querem dar o braço a torcer. Bastaria um gesto de perdão e uma atitude de abertura para que tudo se resolvesse. Jesus enfrentou os próprios preconceitos e os conflitos de consciência para aproximar-se. Com isso, entrou em território estranho, não dominado por ele e, assim, precisará também de um voto de confiança do outro para avançar em direção ao entendimento e ao encontro.

Essa atitude de Jesus revela humildade e inteligência. Os judeus se consideravam melhores que os samaritanos, em quem viam pessoas de segunda categoria. Muitas vezes carregamos preconceitos de pessoas, instituições, grupos ou movimentos sem mesmo conhecê-los. Mas há também preconceitos culturais: o machismo, por exemplo, é um preconceito pernicioso e fatal. Segundo dados da Pesquisa Nacional por Amostra de Domicílios, do IBGE, o salário das mulheres em 2012 correspondeu a 72,9% do salário dos homens.[1] A violência doméstica contra a mulher também revela dados assustadores. O site da ONU[2] mostra que cerca de 70% das mulheres sofreram algum tipo de violência e metade dos

---

[1] Disponível em: <http://www.ibge.gov.br/home/estatistica/pesquisas/pesquisa_resultados.php>. Acesso em: 11 nov. 2013.
[2] Disponível em: <http://www.onu.org.br/unase/sobre/situacao/>. Acesso em: 11 nov. 2013.

homicídios contra a mulher é cometido pelo marido ou parceiro. Números que fizeram o atual secretário-geral das Nações Unidas, Ban Ki-Moon, lançar a campanha *UNA-SE pelo fim da violência contra as mulheres*. A gravidade da situação é tamanha que o secretário-geral não titubeou em afirmar que "Existe apenas uma verdade universal, aplicável a todos os países, culturas e comunidades: a violência contra as mulheres nunca é aceitável, nunca é perdoável e nunca é tolerável" (idem).

Ao nos deixarmos guiar pelos preconceitos de qualquer natureza perdemos a oportunidade de crescer como pessoas, porque os preconceitos nos convenceram de que somos superiores e nada temos a aprender; portanto, a melhor atitude é manter distância. Somente a humildade e o senso de justiça podem dar a ignição para mudar situações assim.

Também é comum, na vida profissional, a perpetuação de conflitos entre cargos ou departamentos diferentes sem que alguém tome a iniciativa de aproximação. Quem afinal perde com isso? As pessoas e a missão a ser realizada. E quem ganha? O espírito diabólico, que se alimenta dos remorsos, do orgulho e da mesquinhez. Impera nesses ambientes o rancor e a guerra de interesses, expulsando para longe a cooperação e a realização pessoal e profissional.

Além disso, a aproximação é condição para construir conhecimento de uma situação. A palavra vem de *proximus*, que significa "mais perto de". Nesse caso, pode significar tanto proximidade física como espiritual, no sentido de perceber a partir do outro, estar perto de seu modo de ver para poder entendê-lo melhor. Já vimos que os discípulos também passaram pela Samaria, chegaram a comprar alimento nas proximidades do povoado, mas não se aproximaram.

O processo de aproximação, na perspectiva existencial, significa tornar-se próximo, sentir e sentir-se integralmente. Ver e ouvir a partir de si e do outro. Uma aproximação verdadeira permite avistar novas possibilidades, pois introduz a pessoa em um universo de sentido mais adequado e menos poluído pelos filtros prévios. Para Fernando Pessoa, "Sentir é criar. Sentir é pensar sem ideias, e por isso sentir é compreender, visto que o universo não tem ideias". É importante sentir-se como pessoa, com limites e potencialidades, enraizada e sonhadora. Às vezes, somos nós mesmos quem estamos em conflito e o projetamos em outras pessoas e realidades. Aproximar-se do ser próprio, da sua vida, dos seus sentimentos, dos seus desejos e dos anseios mais profundos do espírito é um importante caminho de descoberta, construção e desconstrução do sentido da vida.

Tão importante quanto sentir-se é sentir os outros e o mundo. Aproximar-se das situações-problema que existem ao seu redor e das que compõem o seu campo de missão. Superar os preconceitos, com humildade e inteligência, e avançar para uma convivência amorosa, pacífica e cooperante.

Desenvolver autoconhecimento, consciência dos limites e da missão no mundo

Jesus sente fadiga.

Como todo ser humano, Jesus sente cansaço e precisa de tempo e espaço para revigorar-se.

O cansaço é um dos sinais da nossa finitude. A evolução ensinou o organismo humano a se defender das ameaças à vida.

A maior ameaça é a que leva a finitude a cabo, ou seja, a morte. Dessa forma, toda experiência de finitude é, por um lado, uma experiência de morte, cuja realidade atormenta a existência humana. A tendência natural, dessa forma, é a negação ou a fuga da finitude. Por outro lado, a finitude é uma experiência de vida e oportunidade de renovação, pois sua compreensão correta faz o ser humano lançar-se, autonomamente e em colaboração, dedicada e decididamente, na construção de um sentido mais profundo e bom, fazendo da sua finitude o ponto de partida para o ser mais. Nessa segunda visão, a morte se integra na própria vida.

O corpo e o espírito humanos precisam de energia. Há duas fontes principais: a material e a espiritual. Um provérbio semita diz: "coração alegre, corpo contente; espírito abatido, ossos secos" (Pr 17,22). Precisamos de, pelo menos, três tipos de exercícios: físicos, intelectuais e espirituais. Um provérbio latino traduz o equilíbrio da vida na máxima: *mens sana in corpore sano*, mente sã em um corpo sadio.

Tanto a prática da atividade física como o conhecimento dos seus benefícios são muito antigos. Hodiernamente as academias se tornaram símbolo da busca de um corpo saudável. Não é raro, porém, a procura do exercício físico ser motivada somente pelo desejo de uma boa aparência, o que reduz sobremaneira a sua importância, além de minimizar a relação com as dimensões intelectual e espiritual.

Um dos grandes benefícios dos exercícios físicos, segundo o médico fisiologista Turíbio Leite Barros Neto,[3] é "a sensação de

---

[3] Turíbio Leite Barros Neto é médico fisiologista. Coordenador do Cemafe (Centro de Medicina da Atividade Física e do Esporte), órgão ligado à Reitoria da Universidade Federal de São Paulo. Os depoimentos usados neste texto referem-se

paz e tranquilidade" causada pela liberação de endorfinas. "São as endorfinas, neuromediadores ligados à gênese do bem-estar e do prazer." O exercício físico, dessa forma, gera um benefício corporal e orgânico com reflexo na sensação de bem-estar. A sua prática frequente aumenta a disposição, a alegria e a produtividade.

Para Barros Neto, os benefícios justificam o esforço de arrumar um tempinho diário ou semanal para a prática. "Vale sempre a pena insistir em que a pessoa deve reservar um pouco de tempo para a atividade física. Colocar o próprio nome na agenda e achar um horário, pelo menos três vezes por semana, para priorizar a prática de exercícios é necessidade básica de saúde. Se isso for absolutamente impossível, a solução é encaixar na rotina atribulada de cada dia alguns momentos para movimentar-se."

Os exageros são sempre perigosos. Nada em demasia. Parte da filosofia grega clássica assentou-se sobre a prudência e a moderação (*sofrón*), que buscava a justa medida. Aristóteles, na *Ética a Nicômacos*, afirma haver três espécies de disposições morais: o excesso, a falta e o meio-termo. As duas primeiras considera deficiências morais e o meio-termo a excelência moral (2001, p. 46). Mas a medida certa e o meio-termo nem sempre são fáceis. Demasiada importância a um aspecto pode conduzir à minimalização de outros e, como bem nota Aristóteles, a maior distância é a que existe entre os extremos. Exagero no cultivo do corpo, sem cultivo da razão e do espírito, pode conduzir a um corpo sarado e a uma mente vazia. Os monges medievais diziam que a mente vazia é a oficina do diabo.

à entrevista concedida ao Dr. Dráuzio Varela, publicada no site drauziovarella.com.br.

A prática de exercícios laborais, intelectuais e espirituais são sobremaneira importantes para o cultivo da razão, a apropriação da cultura da humanidade, a produção material, o aperfeiçoamento científico e o crescimento moral da pessoa e da humanidade. Frei Betto escreveu certa vez que em "Uma progressista cidade do interior de São Paulo tinha, em 1960, seis livrarias e uma academia de ginástica; hoje, tem sessenta academias de ginástica e três livrarias!".[4] Essa constatação ilustra a desproporção que há, hoje, entre o cultivo do corpo e o cultivo da mente. O autor é ainda mais enfático na reflexão ao dizer, no mesmo artigo, que "a sociedade na qual vivemos constrói super-homens e supermulheres, totalmente equipados, mas muitos são emocionalmente infantilizados". Vale analisar com serenidade e discernimento o conselho dos sábios gregos: todo exagero provoca o seu contrário.

Além disso, num mundo de excesso de informações veiculadas pelos mais diversos meios, principalmente os eletrônicos, como a internet, que cada vez mais se acessa de aparelhos móveis e portáteis, como os celulares, também é importante lembrar mais uma vez que informação não é sinônimo de conhecimento. "Cadê o conhecimento que perdemos na informação?", dizia o já citado literato inglês Thomas Eliot. Pensadores do porte de Umberto Eco[5] dizem que o excesso de informação pode ser tão prejudicial ao conhecimento quanto a carência. O conhecimento é a conquista de um caminho, enquanto a informação é apenas uma de suas pistas. O cultivo da razão pode ser exercitado por diversos meios,

---

[4] *Do virtual ao espiritual*. Disponível em: <http://www.freibetto.org>. Acesso em: 13 jan. 2014.
[5] Em entrevista à revista *Época*, publicada em 30 de dezembro de 2011. Disponível em: revistaepoca.globo.com.

como a leitura, a pesquisa, a reflexão, a realização de bons cursos, a participação em debates.

O cultivo do ser, por meio da reflexão, da oração, da meditação e da contemplação, se impõe como diferencial para os líderes atuais. Essa forma de aperfeiçoamento do ser entra no campo da inteligência espiritual. Para Lima Vaz "O espírito, pois, sendo abertura transcendental ao ser, é, no ritmo mais profundo de sua vida, inteligência e amor. [...] inteligência espiritual e amor espiritual se entrelaçam na unidade do *apex mentis*, o cimo mais alto da vida do espírito, onde a inteligência se faz dom à verdade que é seu bem, e o amor se faz visão do bem que é sua verdade. Inteligência espiritual e amor espiritual se entendem, pois, aqui, não como procedendo de faculdades isoladas ou como atos isolados, mas segundo a sinergia que os faz passar um ao outro" (2004, p. 223).

Multiplicaram-se as igrejas e movimentos religiosos nos últimos cinquenta anos e tem sido cada vez mais frequente a procura por espiritualidades de cultivo interior e métodos de autoajuda. Entre outros, estes são sinais de uma necessidade talvez minimizada ou mesmo menosprezada por uma visão errônea da ciência, que pretendia desencantar o mundo, desvelando todos os seus mistérios. A ciência, como já vimos, é também movida pelo mistério. Pode auxiliar o ser humano a contemplar o mistério e a meditar sobre a vida. Exercícios espirituais também são propulsores de energia. Escolas europeias estão usando técnicas de meditação para facilitar a concentração dos alunos e melhorar o desempenho no processo de ensino-aprendizagem. Empresas já levaram algumas dessas técnicas para os intervalos de exercício e descobriram que a prática constante faz as pessoas mais felizes e produtivas na vida e no trabalho. É possível e necessário usar essas técnicas e práticas para o cultivo, o crescimento e o aperfeiçoamento do ser, combatendo a fadiga espiritual. Contudo, da mesma forma necessário é não dissociar a espiritualidade da intelectualidade e da produtividade.

A vida tem o seu lado fatigante, pois não somos uma máquina. O cansaço e o sofrimento fazem parte da vida. Pensar que não precisamos de repouso e que em tudo devamos encontrar prazer é fugir da condição humana. Sigmund Freud, considerado o precursor da psicanálise, diz haver três formas de sofrimento, relacionados aos obstáculos que o princípio do prazer[6] encontra ao confrontar-se com o princípio da realidade: os naturais, os orgânicos e os sociais. Sobre os dois primeiros há sempre certa tolerância, visto que dificilmente se dominará a natureza ou o próprio organismo. O sofrimento provocado pela sociedade, porém, é o mais insuportável. "O que chamamos de civilização é em grande parte responsável por nossa desgraça e que seríamos muito mais felizes se a abandonássemos e retornássemos às condições primitivas" (1974, p. 105). Freud indica o caminho da integração na comunidade humana como forma de amenizar o sofrimento.

O Mestre Eckhart (1260-1328) diz que "todo sofrimento provém do amor àquilo de que a perda me privou" (2005, p. 56). Para esse grande místico, o sofrimento e as aflições provêm de três formas de danos: os externos, os das pessoas próximas e os pessoais. A solução que ele propõe é amar o que não é passageiro. O amor ao que é externo e passageiro é, no fundo, a busca do sofrimento, pois a perda será algo certo e inevitável.

---

[6] Para Freud, "o que decide o propósito da vida é simplesmente o princípio do prazer. Esse princípio domina o funcionamento do aparelho psíquico desde o início" (1994, p. 94-95). Se pudéssemos agir sem sermos descobertos, faríamos sempre e somente o que resultaria em prazer pessoal.

O cansaço e o sofrimento não devem provocar desânimo. Antes devem ser oportunidade de amadurecermos no amor àquilo que realmente importa. Uma pessoa desanimada, etimologicamente falando, é uma pessoa sem alma, sem sentido, que não inspira nem irradia vida.

Caso você se sente como alguém que nunca está contente com o que faz, tente rever a sua vida, pois algo pode estar errado. Esse cansaço que esmorece a alma revela que você está no caminho errado e pode ainda não ter encontrado o verdadeiro sentido da vida.

Jesus encontrou o sentido de sua vida e é esse que o impulsiona para a missão. Mas viver com sentido não significa permanecer em um nível de puro regozijo. O cansaço é próprio de nossa finitude. Quem trabalha cansa, mas o cansaço de quem trabalha é motivo de parada para uma nova jornada para realizar a missão. O filósofo Ortega y Gasset dizia que "sem missão não há homem". Um trabalho cuja missão é dignificante justifica o cansaço e até mesmo o sacrifício, pois pessoas apaixonadas pelo que fazem sacrificam-se para ver a missão realizada.

É preciso conhecer os limites, medos, sentimentos, desejos e sonhos. Descansar quando precisarmos. Descobrir e construir a nossa missão. Há limites que não são passíveis de mudança: o fato de necessitarmos de descanso, por exemplo. Estes precisamos aceitar e integrar à nossa vida. Há outros limites que são circunstanciais e podem ser transpostos. Estes devemos trabalhar para superação.

Criar oportunidades

Jesus senta junto à fonte, por volta do meio-dia.

Fonte pode ser tanto um manancial, uma nascente, como uma causa ou origem. No caso da fonte de Jacó, relaciona-se aos dois aspectos.

A fonte, na Bíblia, é o local onde acontecem encontros marcantes: o anjo de Javé encontra Agar, junto a uma fonte no deserto (Gn 16,7-12); Isaac encontra-se com Rebeca em episódio semelhante ao de Jesus com a samaritana (Gn 24,1-27); Moisés encontra-se com Séfora, com quem depois se casa (Ex 2,16-22). Esses encontros provocaram mudanças importantes na vida destas pessoas e na história do povo de Deus.

O poço-fonte se destaca na Bíblia como símbolo da espiritualidade. É onde as pessoas buscam saciar a sede de sentido da vida. Para Jean-Yves Leloup buscamos saciar nossa sede em diversos tipos de poços: o poço dos nossos antepassados, da tradição, do que já sabemos; o poço dos numerosos e diversos relacionamentos afetivos; o poço das diversas formas de crença; o poço do despertar, que não nega a carência nem a pretende eliminar de maneira superficial, mas a coteja com espírito e vigilância.[7] Jesus senta junto à fonte onde os samaritanos buscam saciar a sua sede. Há dois significados existenciais interessantes nessa atitude de Jesus:

a) O primeiro diz respeito à necessidade de cultivar a saúde física e espiritual – é um dos aspectos da missão que toda pessoa tem para consigo mesma. Essa tarefa não é apenas

---

[7] Conforme BENSAID e LELOUP, 2006, p. 89-100.

uma vaidade ou um voltar-se totalmente para si, senão um engajamento a um paradigma de vida humana. A vida é uma oportunidade de aperfeiçoamento do ser. Se não nos importamos com o ser do si próprio, divulgamos um paradigma de autodestruição.

b) O segundo se refere à atitude de Jesus em observar e compreender a razão de ser da sua cultura e da sua fé, bem como da dos samaritanos; condição para que a relação dialógica aconteça. O terreno do eu-mesmo, que aparentemente conhecemos, revela novas veredas ao o explorarmos no enfrentamento com o outro eu. Hannah Arendt, em *Vida segundo o espírito*, chega a afirmar que "existe sempre um elemento de ilusão em toda a aparência: o verdadeiro fundamento não aparece" (s/ano, p. 48). Esse é, desde já, um bom motivo para buscar o conhecimento de si, além da aparência, no encontro com a alteridade, desbravando o que decidimos mostrar ou esconder. Não faltam oportunidades para isso, basta querer, e o querer, nesse caso, não é um simples gostar ou não subjetivo, mas um testemunho da presença humana. A procura de si pode revelar algo de si que não contribui para o próprio crescimento e que atesta contra a vida. Se compreendermos isso, conseguiremos também nos desfazer dos entulhos que atrapalham a nossa vida e priorizar o que realmente importa.

Como lembrava o já citado Mestre Eckhart, na renúncia do ter e do fazer encontramos o ser. De fato, quando nos tornamos escravos do ter e do fazer, aprisionamos a força interior criadora. Albert Einstein afirmava que "no meio das dificuldades encontramos as oportunidades". Talvez, por conta dessa sua insistência nas tentativas e perseverança no enfrentamento das dificuldades, tenha sido laureado Nobel de Física em 1921 pela sua inestimável contribuição à física moderna. Francis Bacon, considerado por muitos como o fundador da ciência moderna, dizia que "um homem esperto cria mais oportunidades do que encontra". Sua vida foi uma prova disso: ele desenvolveu as bases da ciência moderna em uma época em que as pesquisas experimentais eram ainda proibidas.[8]

Quando Jesus sentou junto ao poço, já se tinha passado metade do dia. Há pessoas que, por terem alcançado certa idade ou sofrido grandes decepções e perdas, pensam que já não têm mais o que fazer para melhorar. Para a vida, nunca é tarde. Comecemos logo. Se já começamos, continuemos. Se não começarmos, permaneceremos sempre como estamos. Se já começamos, sabemos que é possível crescer a cada dia. Há oportunidades nos esperando. Há também oportunidades a serem criadas.

Buscar dentro e fora de si

Uma mulher da Samaria se aproxima para tirar água.

A mulher não tem nome, fato que aponta em duas direções: a) ainda não encontrou a sua ipseidade, ou seja, o seu ser próprio e o sentido profundo de sua existência; b) representa todo o povo da Samaria, que está em busca de uma espiritualidade que o encaminhe para o sentido.

---

[8] BACON, Francis. *Novum organum*. Nova Atlântida, 2005.

Ela se aproxima para tirar água. É meio-dia. Geralmente as pessoas buscavam água na fonte pela manhã e à noite, não ao meio-dia. A mulher está sozinha, outro dado incomum, pois as mulheres buscavam água em companhia de outras mulheres.

É naquela fonte que os samaritanos buscam saciar a sede de sentido da vida. Dessa forma, o poço de Jacó representa, para os samaritanos, a sua força. Deveriam fazer isso diariamente, mas, mesmo assim, a sede não era saciada, o que pode estar indicando para um sentido que não realiza, apenas apazigua momentaneamente o espírito. "Quando a sede é demasiado ardente, acabamos por nos afastar de nós mesmos e de nosso verdadeiro desejo. Afastamo-nos da nascente: deixamos de saber se existe uma fonte ao nosso alcance e onde deveria ser procurada" (BENSAID; LELOUP, 2006, p. 111).

Estas informações mostram que:

a) *a sede de sentido é muito grande e não pode esperar*. Por isso, a mulher sai no meio do dia, sozinha, para buscar água. Essa sede de sentido é uma característica da condição humana: de alguma forma, cada ser humano tenta saciá-la. Pense um pouco: onde está o seu poço? Qual é a qualidade da água que você tira dele? A urgência de sentido pode ser constatada e medida pelo nível de estresse que as pessoas vivem diariamente. A Associação Internacional do Controle do Estresse revelou, em levantamento realizado em 2012, que o Brasil é o segundo país no mundo com o maior nível de estresse no ambiente de trabalho. Três em cada 10 pessoas sofrem da chamada Síndrome de Burnout, esgotamento mental intenso cujos sintomas são: dores de cabeça, distúrbio do sono, dores musculares, problemas gastrointestinais, consumo de drogas ou álcool, pressão arterial elevada e alterações na libido.[9] Ademais, a urgência de sentido também pode ser corroborada pela finitude e brevidade da vida: é preciso viver intensamente o tempo de nossa vida.

b) *a busca de sentido precisa ser pessoal*. Faz parte da condição humana a experiência da construção da identidade pessoal. Ela se realiza por meio das diversas relações que estabelecemos. Não podemos esperar ou querer que outros deem razão para a nossa vida. Ou a vida terá sentido para nós ou ela não terá sentido. A pressão externa existirá de alguma forma em qualquer relação que vivermos e é praticamente impossível escapar dela. É necessário desenvolver a capacidade da resiliência para enfrentar bem as experiências mais exigentes, fortalecendo-se, e alimentar a busca de sentido para valorar as coisas que fazemos.

Paulo Freire, pedagogo brasileiro, insistentemente dizia que "a alegria não chega apenas do encontro do achado, mas faz parte do processo de busca. E ensinar e aprender não pode dar-se fora da procura, fora da boniteza e da alegria". É possível aprendermos com cada experiência de vida, basta mantermos uma atitude de busca. E, como bem expressa Freire, a busca não é um agir para esperar encontrar um achado futuro, mas uma atitude que revela alegrias e ensinamentos no ato mesmo da procura.

---

[9] Disponível em: <http://noticias.r7.com/saude/brasil-e-segundo-pais-com-maior-nivel-de-estresse-do-mundo-mostra-pesquisa-04102012>. Acesso em: 12 nov. 2013.

Estar aberto a si mesmo e às mudanças

Jesus pede: "Dá-me de beber".

Jesus faz à samaritana o mesmo pedido que Isaac faz a Rebeca, em Gn 24,17-18, que o serve imediatamente. Nesse episódio de João, o desfecho é outro, pois, como já vimos na segunda parte, a samaritana questiona o pedido e dá início a um diálogo que muda a vida do povo samaritano e a visão cristã sobre a vida e a missão.

Pedir algo para beber, no contexto bíblico, é uma atitude de reconhecimento e abertura ao outro. Iniciativa essa que se antepõe a qualquer preconceito (raça e gênero) e dá partida a uma relação verdadeira. Em sentido antropológico, pedir a alguém é um sinal de que não somos autossuficientes ou, por via positiva, sinal de que nos construímos em cooperação com outras pessoas. Em sentido pedagógico, pedir algo pode ser uma provocação. Etimologicamente, provocar significa chamar à voz, desafiar para uma conversa. Se unirmos os dois sentidos, perceberemos que a relação dialógica é uma via privilegiada de edificação da existência humana. Ela favorece a troca e amplia as possibilidades de crescimento mútuo e novas descobertas.

Considerando que "sou não apenas para os outros, mas para mim mesmo, e nesse último caso, é claro que não sou apenas um" (ARENDT, s/ano, 201), e sim um eu pensando e um eu pensado, o diálogo também se dá com o próprio eu, a fim de "ser um e por consequência não ser capaz de se arriscar a cair em desarmonia consigo próprio" (idem, p. 201). É sumamente necessário provocar-se para o diálogo. Uma das formas de fazê-lo é desafiando a si próprio. Conversar mais seguidamente com a própria existência, com o ser que está em nós mesmos, com o que escondemos e com o que revelamos. Isso nos ajudará a descobrir as janelas e portas do nosso espírito, que ainda estão fechadas e que nos mantêm de alguma forma aprisionados. Dalai Lama, líder espiritual do budismo tibetano, diz que "sem paz interior, sem calma interior, é difícil encontrar uma paz duradoura". Um dos caminhos para a paz interior é o encontro consigo próprio. E, quando digo *consigo próprio*, me refiro ao ser próprio e à inalienável tarefa pessoal de construir a vida.

O fechamento de si mesmo impede a percepção das fraquezas e potencialidades pessoais e das oportunidades de crescimento que existem dentro e fora de nós. A abertura autêntica para o mundo somente é possível com a conquista de si mesmo. O processo é integrado: abertura para dentro e abertura para fora, a fim de ver a vida abertamente. Cada um é um ser sem igual, único, como não há outro neste mundo. Esse encontro íntimo, portanto, é uma revelação de que não teremos olhado somente para fora. Que desperdício seria não vivermos em plenitude o nosso ser, que é somente nosso! Ao tentarmos ganhar a nossa vida, a perderíamos e a humanidade ficaria mais pobre. "Com efeito, que aproveita ao homem ganhar o mundo inteiro e arruinar a sua vida? Pois o que daria o homem em troca da sua vida?" (Mc 8,35-38).

Ter foco

Os discípulos foram para a cidade comprar alimento.

A preocupação dos discípulos está no nível material e religioso moralista: precisam buscar o que comer e não se envolver com os samaritanos, considerados estrangeiros impuros e idólatras. Para eles, o lugar é de passagem, não de missão e, por isso, pretendem tirar daí apenas o necessário para seguir em frente, rumo à Galileia. Eles vão à cidade e voltam, sem criar laços nem aproximação. Não mudam e não provocam mudança. Estão presentes apenas com o corpo, pois o espírito está noutro lugar e a mente está fechada pelas certezas. Já tiraram a sua conclusão a respeito dos samaritanos faz muito, sem preocuparem-se com os fatos ou com a verdade.[10] Olham somente para fora e conseguem enxergar apenas os defeitos e problemas dos outros. Para a realização de uma missão, como bem o expressou Mao Tsé-Tung no *Livro vermelho*, "as conclusões extraem-se no fim das investigações e não no começo" (2002, 0p. 164). Mas os discípulos já tiraram as suas conclusões e isso os impede de ver as potencialidades das outras pessoas – samaritanos –, porque os preconceitos socioculturais e religiosos judaicos povoam o seu interior e criaram escamas nos seus olhos. Veem nos samaritanos apenas ameaças. Seu foco de visão é *solus ipse*, ou seja, o que os dirige é a razão solitária do eu, perdido na impessoalidade cultural.

Veja que, se fizermos certo a coisa errada, será uma tragédia. Uma pessoa motivada por uma má ideia causa perdas irreparáveis. Da mesma forma, manter o foco num sentido errôneo pode conduzir a vida à desgraça. A pretensa afirmação unilateral da ipseidade gera a sua própria negação, pois "a forma de ser-no-mundo como autoexpressão do sujeito implica necessariamente a forma de ser-com-o-outro, que é, justamente, a forma da relação

---

[10] Sob a ótica da compreensão fenomenológica e sob o olhar da práxis, "Por 'fatos' entendemos as coisas e os fenômenos tal qual existem objetivamente; por 'verdade' entendemos o laço interno dessas coisas e fenômenos objetivos, quer dizer, as leis que os regem" (TSÉ-TUNG, 2002, p. 163).

intersubjetiva" (LIMA VAZ, 1992, p. 55). Então, é preciso verificar se estamos focados naquilo que nos faz ser mais ou contornamos o ponto central da vida para desviar do encontro com o próprio ser. Se for assim gastaremos o tempo, a energia e perderemos a vida, semeando problemas e correndo atrás de coisas que amanhã já não têm valor.

A palavra foco vem do latim *focus*, que significa fogo, clareira. Ter foco significa manter uma direção iluminadora e concentrar-se nela. Mahatma Gandhi dizia que "Quem sabe concentrar-se numa coisa certa e insistir nela como único objetivo, obtém, ao fim e ao cabo, a capacidade de fazer qualquer coisa". É preciso manter o foco no que é certo.

Construir a visão do ser

> A samaritana diz: "Como, sendo judeu, tu me pedes de beber, a mim que sou samaritana?".

A mulher está ciente da situação criada. Há uma briga antiga entre os dois povos e tradições. Um homem judeu – Jesus – pedir acolhida a uma mulher samaritana era, no mínimo, muito estranho. A samaritana percebe que há outros motivos por trás do pedido. O fato de perguntar mostra que tem interesse. Ela também quer que a conversa continue, por isso, usa a sua própria palavra para inquirir a intenção de outrem. Fala a partir de sua cultura, do seu lugar social e religioso, em outras palavras, fala a partir de seu ser e, nesse sentido, revela-se. Não omite os conflitos nem faz deles uma razão para não dialogar. Há, dentro dela, como já vimos, uma sede que não se sacia. Ela está em busca, pois ainda não encontrou a fonte de sentido. No caminho, encontra-se com uma alteridade que a confronta. "A autoexpressão do *Eu sou* é aqui suprassumida no movimento relacional que instaura como outro termo da relação, exatamente um outro Eu: *alter Ego*" (LIMA VAZ, 1992, p. 53). O outro eu, nesse caso, é condição de possibilidade de encontro e transcendência do Eu sou.

A visão de ser, o que desejamos ser ou nos tornar como pessoas, não está pronta, não é de fácil acesso, tampouco é inacessível. Na visão de Sartre "não se pode despojar um existente de seu ser; o ser é o fundamento sempre presente do existente, está nele em toda a parte e em parte alguma; não existe ser que não seja ser de alguma maneira ou captado através dessa maneira de ser que o manifesta e encobre ao mesmo tempo" (2003, p. 35). Essas características do ser-em-si que Sartre nos oferece em *O ser e o nada* trazem à baila algumas questões sobremaneira significativas, a saber, que há ser em todo o existente; que o ser se manifesta; que não se revela totalmente. A questão do ser toma boa parte da história da filosofia, desde Heráclito e Parmênides até nossos dias. Na tradição semita, Deus mesmo é que coloca o problema do ser autorreferenciando-se a Moisés como "Eu sou aquele que é" (Ex 3,14). Em especial na condição humana o ser está relacionado à identidade. Sartre reconhece que "a identidade é o conceito-limite da unificação" (2003, p. 122).

Uma das tarefas importantes da existência é a construção da visão do ser. É possível que tenhamos formulações a respeito, a partir do que se manifesta em nossas percepções interiores e pelo próprio fenômeno do ser. "O fenômeno é o que se manifesta, e o ser manifesta-se a todos de algum modo, pois dele podemos falar e dele temos certa compreensão" (SARTRE, 2003, p. 19). O ser em nós, que se revela a nós, pode não coincidir com o ser que mostramos aos outros e com o que, muitas vezes, representamos a nós mesmos. Por isso a insistência da procura e da renúncia de si. O caminho do ser verdadeiro, de fato, é o propósito visionário interior de ser pelo qual lutamos, mas se dá na relação, no encontro. É sabido que escolhemos deliberadamente o que mostrar e o que esconder[11] e nem sempre o que mostramos corresponde às nossas motivações interiores. A visão do ser, para ser boa, precisa estar passível de ser transformada em referência para cada ação cotidiana e ser posta em discussão em face da alteridade.

A pergunta *quem eu sou* antecede e se sobrepõe em importância ao *"eu sou samaritana"*. É maior que outras formas de representação, tais como: "eu sou médico"; "eu sou homem"; "eu sou rico"; "eu sou católico"; "eu sou belo"; "eu sou forte". É uma pergunta, uma sede, pela essência, pelo Em-si, na visão de Sartre, cuja "densidade é infinita" (2003, p. 122). De onde vem essa pergunta, essa sede do ser profundo? Para onde ela nos leva e o que nos faz pensar? Sócrates nos indica que um dos caminhos de construção e descoberta é o diálogo de mim comigo mesmo, ao que Hannah Arendt comenta: "É essa dualidade de mim comigo mesmo que converte o pensar numa verdadeira atividade, na qual sou tanto o que pergunta como o que responde" (s/ano, p. 204). É essa mesma autora quem mostra o critério fundamental da busca: "O único critério do pensar socrático é o acordo, sermos consistentes com nós mesmos, o seu oposto, estarmos em contradição com nós mesmos significa efetivamente tornarmo-nos os nossos próprios adversários" (idem, p. 204).

---

[11] ARENDT, s/ano, p. 44.

Refletir e meditar o ser

> Jesus interpela: "Se conhecesses o dom de Deus e quem é que te diz: 'Dá-me de beber', tu é que lhe pedirias e ele te daria água viva".

A interpelação de Jesus inicia-se pelo processo de reflexão colaborativa no enfrentamento eu-tu, mas numa perspectiva ontológica, ou seja, Jesus permanece no interior da provocativa do ser. O "eu-samaritana" e o "tu-judeu" se transformam em um *quem é*, que remete ao ser e aponta para outro tipo de água, a viva, ou seja, aquela que sacia a sede de sentido profundo da vida.

Há um sentido maior, para além da letra da lei e sua tradição, para além do eu-tu cultural, mas que se põe como problema ontológico e encontra uma resposta no desenrolar dessa relação. "Do Eu-no-mundo o discurso avança para compreender, no curso do seu desenrolar dialético, a relação de intersubjetividade e essa suprassume o Eu e o seu mundo na prioridade fundante da reciprocidade dos termos egológicos entre os quais ela se estabelece, refluindo assim sobre o Eu na sua totalidade estrutural para submetê-lo à necessidade dialética do *Cogito, ergo sumus*, ou à suprassunção do *sum* no *sumus*" (LIMA VAZ, 1992, p. 53). Reconhecer uma pessoa significa ter uma fé prévia nela, confiar, não necessariamente nas suas certezas e crenças, mas no seu Eu-no-mundo. A atitude de reconhecimento dá à pessoa o poder de usar a própria palavra, de expressar o que pensa, sente e vive. É a isso que se denomina de paradoxo do reconhecimento. Para Lima Vaz "o sujeito é *ele mesmo (ipse)* no seu relacionar-se com *outro* sujeito, o qual, por sua vez, é igualmente *ele mesmo (ipse)* no seu ser-reconhecido e no conhecer seu *outro*: em suma, no reconhecimento" (1992, p. 55). Com isso, o eu entra mais a fundo nas razões de sua fé. O uso autêntico da própria palavra, na dialética do encontro eu mesmo–ele mesmo, é princípio condutor de reflexão, que instaura, no fim das contas, o *Penso, logo somos*.

A reflexividade é uma das características marcantes da atitude filosófica. Pretende romper com a superficialidade opinativa e desvelar o sentido que se esconde na profundidade. Usada sem critérios, porém, imerge o sentido já disponível na consciência e o que se vê exteriormente numa circularidade viciosa de saída e retorno para o si mesmo. É sabido que interpretamos o mundo com o conhecimento que já dispomos em nossa consciência. Dessa forma, a pessoa pode ver somente o que está acostumada a ver. Nesse nível, a reflexividade é a conformação do real com a visão fechada no eu–eu mesmo. A reflexividade, portanto, precisa ser entendida em um nível acima da *doxa*, ou opinião corriqueira, e na necessária implicação do *alter ego*.

Boaventura de Souza Santos, ao analisar a ciência, fala na existência de duas linhas de concepção da reflexividade: "uma mais subjetivista e personalizante, privilegia o questionamento direto do sujeito epistêmico (o cientista social enquanto produtor de conhecimento) em confronto com o sujeito empírico (o cientista enquanto homem comum que partilha o seu *Dasein* com os demais cidadãos". Essa linha enfoca a questão da autoanálise, da autoavaliação do sujeito pesquisador. "A segunda, mais objetivista ou impessoal, privilegia o questionamento do sujeito epistêmico através de conversão da sua prática científica, dos instrumentos analíticos e metodológicos de que se serve em objeto de investigação científica" (1989, p. 78-79). Essa segunda linha se volta para a análise dos procedimentos e métodos utilizados pelo cientista. A reflexividade científica, difundida nos meios acadêmicos e exercida nas comunidades científicas, mantém-se ao largo do problema do ser, pois está em jogo o eu-pesquisador (linha subjetivista) e o método da pesquisa (objetivista). É preciso trazer à baila um conceito de reflexividade que se efetue com o "espírito em si mesmo, pois, sendo ele identidade reflexiva consigo mesmo, não pode exprimir-se diretamente em conceitos construídos abstratamente a partir de uma impossível autoexperimentação" (LIMA VAZ, 1992, p. 62). Contudo, pouco adianta receber uma boa lição, participar de uma boa palestra, ler excelentes livros, realizar pesquisas e experimentos se tudo não passar do nível da razão. Se as fontes onde você se alimenta não mexem com o seu espírito, tente buscar outras fontes ou mudar a sua atitude diante delas.

A interpelação reflexiva que considere o espírito como problema já abre o momento segundo do processo de descoberta, que é o do meditar. A esse respeito, Frei Betto relata um acontecimento muito familiar e emblemático. "Encontrei Daniela, 10 anos, no elevador, às nove da manhã, e perguntei: 'Não foi à aula?'. Ela respondeu: 'Não, tenho aula à tarde'. Comemorei: 'Que bom, então de manhã você pode brincar, dormir até mais tarde'. 'Não', retrucou ela, 'tenho tanta coisa de manhã...' 'Que tanta coisa?', perguntei. 'Aulas de inglês, de balé, de pintura, piscina', e começou a elencar seu programa de garota robotizada. Fiquei pensando: 'Que pena, a Daniela não disse 'tenho aula de meditação'!"[12]

Os monges tibetanos consideram a meditação uma forma de familiarização. Por meio dela as pessoas conseguem familiarizar a mente com pensamentos benéficos e, assim, alimentar a mente

---

[12] *Do virtual ao espiritual*. Disponível em: <http://www.freibetto.org>. Acesso em: 13 jan. 2014.

para o bem, que direcionará as suas vidas. Hugo de São Vitor considera a meditação parte da filosofia e o fim de toda a aprendizagem. Para ele "é um pensar frequente com discernimento, e ela investiga prudentemente a causa e origem, o gênero e a utilidade de cada coisa" (2001, p. 151). Eckhart Tolle, autor do conhecido livro *O poder do agora*, diz que meditar é acessar a dimensão do não pensar em você mesmo. A sabedoria Osho fala que meditar é simplesmente ser, abandonando todo o fazer, inclusive o pensar. Apesar de representarem diferentes correntes de pensamento, podemos perceber que todas veem na meditação uma forma de: a) livrar-se das múltiplas distrações, e b) acessar o mais profundo da singularidade existencial.

A reflexão, o discernimento autêntico e a meditação realizam sua finalidade quando nos envolvem com a questão do ser, para além do eu como si mesmo. É uma tematização do espírito, que é o animador da vida e não apenas uma razão. Nesse ponto, as práticas de reflexão e meditação referenciam o ser a um ideal de bem e virtude no qual se inspira a constituição existencial do viver.

Auscultar

> Ela lhe diz: "Senhor, nem sequer tens uma vasilha e o poço é fundo, de onde, pois, tiras esta água viva? És, porventura, mais que o nosso pai Jacó?".

Aquela fonte representa a tradição de onde os samaritanos tiram o sentido da sua vida. A razão de ser está numa aliança passada, mantida de geração em geração. É preciso que essa água se renove no presente, que seja viva para a vida daquelas pessoas.

A pergunta da samaritana deixa transparecer certo descontentamento com a água que tira do poço e certa desconfiança em relação à existência de água de melhor qualidade. Ela conhece muito bem a água que sai daquele poço e pode tirá-la com o seu cântaro, mas a água viva, de onde vem?

Se não nos consideramos pessoas extraordinárias, já devemos ter sentido, interiormente, certo descontentamento com a própria vida e, ao mesmo tempo, dúvida a respeito da possibilidade de uma vida melhor. Caso sintamos essa tensão, percebemos que somos humanos. A vida está ocupando o nosso tempo e isso é muito bom. Essa tensão não se pode contentar com o temor, pois temer a vida é o mesmo que deixar de vivê-la. Os relacionamentos têm as suas decepções, inclusive o relacionamento com nós mesmos. Mas a decepção não pode ditar as regras e assumir o lugar da confiança. "A confiança é apoiada pela fé em que estamos na mão de Deus, e pela fé no cerne bom do ser humano. É uma fé que deve ser sempre de novo exercitada" (GRÜN, 2011, p. 103).

A palavra auscultar vem do latim *auscultare* e significa ouvir com atenção, ouvir o interior, a mensagem completa. A atitude é necessária tanto para a vida interior como para as relações externas. Em *Provérbios* encontramos: "O que responde antes de escutar terá a estultícia (estupidez) e a confusão" (18,13). Os estereótipos a respeito de si e dos outros impedem o auscultamento. A "espiritualidade pretende que jamais nos fixemos em uma imagem do outro (e de nós mesmos), que estejamos sempre conscientes de que o outro (e nós mesmos) é mais do que as imagens que dele trazemos em nós. No outro existe algo que escapa do nosso alcance" (GRÜN, 2011, p. 91).

Não devemos temer a vida, antes, devemos enfrentá-la e evitar os extremos. Conheço pessoas tão pessimistas com a vida que, quando algumas coisas dão certo, começam a desconfiar que é bom demais para ser verdade e, por sua atitude negativa, deixam de agir proativamente e permitem que as coisas comecem a dar errado mesmo. Também há pessoas tão otimistas que, em vez de ajudarem a vida a dar certo, esperam por um milagre dos céus.

Atitude mais prudente é agradecer pelas conquistas e saber que você pode melhorar ainda mais. O conteúdo de sentido da vida não ocupa espaço em você. Haverá sempre lugar para ser mais. São Francisco faz um convite: "Vamos confiar mais em Deus e obedecer às suas magnânimas leis. Se trabalharmos em favor do bem, esse bem virá ao nosso encontro, esta é a lei".

Motivar e crescer juntos

> Jesus responde: "Aquele que bebe desta água terá sede novamente; mas quem beber da água que eu lhe darei, nunca mais terá sede. Pois a água que eu lhe der tornar-se-á nele uma fonte de água jorrando para a vida eterna".

Jesus não desmerece a tradição. Não desmoraliza os samaritanos nem toma uma posição de quem sabe a verdade em contraposição à mulher que seria ignorante. Se fizesse isso, o processo de construção do sentido seria interrompido, pois a mulher tomaria aquilo como insulto.

A resposta de Jesus é respeitosa e intrigante. Mantém relação com a tradição, mas provoca um ir além. Ele mostra que a tradição pela tradição é como um poço fundo de água parada. A tradição tem sentido se alimentada pela fonte que jorra água viva. Além disso, Jesus constrói uma perspectiva de futuro, projeta resultados, pois diz: "quem beber...". A decisão em beber ou não dessa água é da pessoa, mas, se escolher beber, já sabe o resultado: "a água se tornará nele uma fonte que jorra...".

Há hodiernamente uma lógica necrófila a respeito da vida. Diz, embora de modo sutil, que devemos crescer a qualquer custo, mesmo que para isso devamos fazer os outros diminuírem. Essa ideia se assemelha à história de um rei que, para demonstrar o seu poder, mandou matar todos os súditos. Quando o último soldado cometeu o suicídio, o rei descobriu que não tinha mais poder nem reinado. A verdadeira lógica do crescimento para o sentido da vida é do mútuo desenvolvimento. Quanto mais ajudamos a crescer, mais crescemos. Quanto mais pretendemos crescer sozinhos, mais diminuímos. "O *ser mais* que se busque no individualismo conduz ao *ter mais egoísta*, forma de ser menos" (FREIRE, 2003, p. 75). O Evangelho é que nos transmite essa sabedoria ao dizer: "Pois aquele que quiser salvar a sua vida, vai perdê-la, mas o que perder a sua vida por causa de mim, vai encontrá-la" (Mt 16,25). Interessante ver que o Evangelho não diz "vai salvá-la", mas "vai encontrá-la", pois o viver é um processo de busca da vida.

Ser humilde

A mulher pede: "Senhor, dá-me desta água...".

É a água que jorra para a vida que a mulher samaritana procura. Ela deseja estar animada "do desejo de viver e de amar. Um desejo que já seria fonte antes de ser sede" (BENSAID; LELOUP, 2006, p. 111). Chegou a vez de a mulher pedir da água viva, ou seja, é a mulher quem agora se coloca numa atitude de abertura.

APRENDER A SER

O processo de abertura-acolhida vai se concretizando e abrindo espaço para a transformação, para a busca de sentido profundo. A postura de Jesus influencia a postura da samaritana. O pedido e a prece, vistos do ponto de vista antropológico, preparam a ação da graça divina. São o reconhecimento da necessidade e, ao mesmo tempo, a abertura para a ajuda dos outros. A samaritana pede e o seu pedido revela o sentido de sua busca. A água daquele poço, o de Jacó, da cultura samaritana, não lhe sacia a sede. Ela quer uma água que sacie a sede do ser.

A abertura somente é autenticamente possível na humildade. A palavra humildade vem de húmus, que significa terra fértil. Se formos humildes saberemos aprender sempre e daremos sempre um novo vigor à nossa vida. Ernest Hemingway, autor de *Por quem os sinos dobram*, diz que "o segredo da sabedoria, do poder e do conhecimento é a humildade".

É preciso ser humilde para pedir a ajuda dos outros. Não precisamos ser tudo nem saber tudo. Para o monge e místico Hugo de São Vítor (1096-1141), a humildade representa o início da excelência moral. Ele separa três grandes ensinamentos da humildade para quem conserva o espírito de aprender sempre: "1) primeiro, não reputar de pouco valor nenhuma ciência e nenhum escrito; 2) segundo, não ter vergonha de aprender de qualquer um; 3) terceiro, não desprezar os outros depois de ter alcançado o saber" (2011, p. 155). O pensamento de Bernardo de Claraval (1091-1153), contemporâneo de Hugo de São Vítor, mostra que "o ápice da humildade é o primeiro degrau da verdade", o segundo é a caridade e o terceiro, a justiça (GILSON, 2001, p. 363). Comentando o pensamento de Bernardo, Gilson diz que a "humildade pode ser definida como a virtude pela qual o homem, conhecendo-se exatamente como é, se rebaixa a seus próprios olhos" (idem, p. 363).

Necessário também dizer que se há degraus de verdade também há de "orgulho; subir uns é descer os outros" (p. 364).

Na obra *Didascálicon. Da arte de ler*, considerada um divisor de águas da história cultural do Ocidente, o já citado Hugo de São Vítor mostra que a falta de humildade pode conduzir as pessoas a considerarem-se sábias sem buscar incessantemente a sabedoria. Isso porque, no fundo, não estão a buscar a sabedoria, mas o louvor e o reconhecimento atribuído aos sábios. Essas pessoas, segundo ele, "explodem numa intumescência de arrogância, começam a fingir o que não são e a envergonhar-se do que são" (ibidem). A humildade é uma condição para a sabedoria, pois permite a autoconsideração certa, nem mais, nem menos. Além disso, mantém a pessoa aberta para aprender sempre, em uma atitude de busca constante.

Ir à essência

> Jesus diz: "Vai chamar o teu marido".

Surpreendentemente, Jesus parece fazer um corte no processo. Isso só aparentemente, pois não há nenhuma contradição. Jesus vai aprofundar o sentido da tradição que se esconde por trás da fonte de Jacó. No livro de 2 Reis, capítulo 17, vemos que os povos que ocuparam a Samaria fabricaram seus próprios deuses e não honraram a Javé: "Não honravam a Javé, nem observavam seus estatutos e suas normas, nem a lei e os mandamentos que Javé havia determinado aos filhos de Jacó" (2Rs 17,29-34). Jesus quer limpar a tradição, manter dela o que é autêntico e essencial e tirar dela o que é inautêntico e acessório. Fabricar um referencial individual ou mesmo cultural e estabelecê-lo como sagrado é pretender fixar isoladamente os limites da verdade absoluta.

A tradição e os hábitos são boas justificativas para legitimarmos desejos pessoais ou normas criadas e nos mantermos acomodados? Aprofundemos o conhecimento de nossa própria conduta. Aristóteles dizia que "o conhecimento é o ato de entender a vida". Sócrates empreendia todas as suas forças para conhecer a si mesmo e fazia o mesmo com os jovens atenienses. Mao Tsé-Tung aponta, no *Livro vermelho*, além disso, para um método, quando diz: "O conhecimento começa pela prática; uma vez adquiridos conhecimentos teóricos através da prática, deve-se voltar à prática".

A interpelação de Jesus faz pensar, ou seja, mobiliza a capacidade reflexiva da samaritana. Uma vez que o objeto do nosso estudo aqui é o entendimento sobre a relação entre as pessoas e a produção de sentido, compreendemos que tanto a autoanálise como a prática profissional e/ou vocacional são importantes para a conquista de uma reflexividade pertinente – aquela que possibilite crescimento e desenvolvimento pessoal e organizacional. As literaturas sociológica, psicológica e pedagógica apontam algumas formas ou mecanismos para aplicar autoanálise e análise da prática. Perrenoud (2001, p. 174-182) destaca 10 delas: a prática reflexiva: de acordo com a segunda linha de reflexividade descrita por Souza Santos; a mudança nas representações e nas práticas: é o confronto das representações e das práticas com as de outras culturas ou formas de pensar; a observação mútua, em que os sujeitos envolvidos se observam mutuamente na ação e após se faz relatos e observações a respeito – sobre este mecanismo o autor diz: "avalia-se melhor, consigo e com o outro, a distância entre aquilo que se faz e o que se imagina fazer" (2001, p. 178); a metacomunicação:

encorajar os outros a dizerem o que observam e pensam sobre a sua postura e prática; a escrita clínica, que poderíamos chamar de registro; a videoformação, em que se filma a própria ação e depois se analisa; a entrevista de explicitação: uma pessoa entrevista a outra procurando desvelar questões não comuns na análise da prática; a história de vida, uma memória de longo prazo para registro e entendimento da origem de comportamentos, atitudes, ideias...; a simulação e o desempenho de papéis, uma encenação de uma cena da atividade profissional vocacional; a experimentação e a experiência, que pretende colocar a pessoa em uma situação-limite para perceber as reações.

Esses mecanismos, para uma reflexão crítica, nada mais são do que formas diferentes de garantir o distanciamento epistemológico. Para Luc Ferry (2004, p. 341), a autorreflexão tem uma exigência: "para se conscientizar de si próprio é preciso estar distante de si mesmo, e, entre outras coisas, é isso o que nos permite perceber pontos de vista estranhos aos nossos". Essa capacidade de avaliar a partir do ponto de vista alheio possibilita a construção do espírito ampliado, não estrito e delimitadamente preso ao ponto de vista do pequeno grupo (gregarismo). Conclui o autor: "Aceitando descentrar sua perspectiva inicial... ele pode penetrar os costumes e os valores distantes dos seus, depois, voltando-se a si mesmo, conscientizar-se de si próprio de uma maneira distanciada, menos dogmática, e, assim, enriquecer consideravelmente suas próprias visões" (ibidem).

Ademais, há diferentes formas de se relacionar com a informação e o conhecimento. Francis Bacon, em *Novum Organum*, compara a atitude do cientista ao comportamento de três animais: a formiga, a aranha e a abelha. São também formas de encarar a nossa relação com o conhecimento: a formiga recolhe tudo de fora e armazena; a aranha tece a teia com o próprio corpo; já a abelha recolhe externamente, mas transforma o que recolheu em um novo e nobre produto, o mel. Atitude semelhante à da abelha aproxima-se mais do verdadeiro conhecimento.

Portanto, não justifiquemos uma situação, dizendo: "sempre foi assim". Nem nos escondamos atrás de uma falsa modéstia, afirmando: "eu não sei", "eu não consigo". Sabemos que isso não é verdade. Se gostamos de justificativas, pensemos que a nossa vida é justificativa suficiente para não nos escondermos atrás de desculpas. "Você precisa fazer aquilo que pensa que não é capaz de fazer", dizia Eleanor Roosevelt, ex-primeira dama e embaixadora dos Estados Unidos, que apoiou a criação da Organização das Nações Unidas (ONU).

Transcender

A mulher responde: "Não tenho marido".
Jesus continua: "Falaste bem 'não tenho marido', pois tiveste cinco maridos".

A samaritana reconhece a confusão e o vazio existencial. Ela já não sabe onde está a verdadeira fonte. Afinal, qual é a aliança que vem de Deus e quais foram fabricadas pelas pessoas e povos ao seu próprio gosto? Na existência humana, como busca, encontro e sentido, as palavras pronunciadas pela samaritana permanecerão sempre como possibilidade. "Pronunciá-las para nós mesmos, na intimidade de nossos pensamentos, ou deixarmos que sejam apercebidas por quem sabe ler em nós melhor do que nós próprios. Jesus tem o dom de ver, através da mulher, a verdade; deste modo, a samaritana consegue reconhecê-lo" (BENSAID; LELOUP, 2006, p. 69).

O termo transcendência vem de *trans+ascendere* e significa, literalmente, subir além de. Denota, no caso, a necessidade de subir além da base cultural-religiosa. Para tanto, um dos caminhos é, curiosamente, o descer. É preciso descer ao fundo do poço de Jacó, ou seja, desvelar o que sustenta a vertente daquela água, o que alimenta a fé da samaritana. Uma vida que permanece na superfície não transforma, ao contrário, contribui para pôr mais pó na maquiagem e dar sobrevida a uma espiritualidade morna, que não nos ajuda a encontrar o sentido profundo.

Jesus faz referência aos deuses criados pelos dirigentes do povo ao longo da história. Por conta dos diversos deuses criados, já não se sabe onde está a aliança que dá sentido profundo à vida. Os ídolos são fonte de satisfação momentânea. Promovem uma alegria superficial e passageira, que precisa ser substituída por outra, e essa, por outra, deixando um fundo vazio na existência. Há pessoas que idolatram as próprias certezas. O buraco fica cada vez mais fundo e, se insistirem, verão aparecer as doenças psíquicas e espirituais. Uma frase de Carlos Castaneda, autor de *Viagem ao Istlan*, é sábia quanto à gestão da própria vida. Ele disse: "queria convencê-lo de que deve fazer todos os atos contarem, já que só vai ficar aqui pouco tempo; na verdade tempo de menos para presenciar todas as suas maravilhas" (BOUTLER-BOWDON, 2011, p. 67). Atos que contam são os que nos fazem transcender, ir além do nosso ponto atual.

Outro caminho de transcendência é transformar aquilo que Lima Vaz chama de excesso ontológico[13] do ser humano em

---

[13] 2003, p. 93.

impulso para uma verdade mais preciosa e boa, que não defende uma cultura e condena a outra, mas que se assenta sobre a vida. "A experiência da *transcendência*, desvelando uma nova dimensão – a mais abrangente e a mais profunda – da relação do homem com a realidade, vem dar um novo sentido às grandes experiências, tais como a experiência da utilização do mundo pelo trabalho e a experiência do reconhecimento do *outro* no coexistir em sociedade" (2003, p. 101). É por isso que Lima Vaz entende a transcendência como uma das categorias constitutivas do ser humano, ou seja, transcender faz parte do ser do humano, mas essa capacidade não lhe está configurada como instinto, senão como possibilidade.

Reconhecer

A mulher afirma e pergunta: "Senhor, vejo que és um profeta... Nossos pais adoraram sobre esta montanha, mas vós dizeis: é em Jerusalém que se deve adorar".

O diálogo deixa a mulher à vontade para também interpelar Jesus. Ela o faz estrategicamente.

Primeiro, reconhece em Jesus um profeta. Já vimos que o reconhecimento é uma forma de empoderamento, de encorajamento para que a pessoa use a sua própria palavra. Ela quer ouvir de Jesus, que é judeu, qual é a sua fonte, qual o sentido profundo de sua existência. A samaritana, ao transcender, ou seja, ao se elevar por cima da consciência cultural-religiosa e viver uma experiência mais originária do ser, provoca Jesus para que faça o mesmo.

Segundo, compara a tradição dos samaritanos com a dos judeus. Se a questão for a tradição ou um lugar de adoração, cada um pode ficar com a sua. A interpelação da mulher é sábia. Afinal, onde está o sentido da vida? A cultura dá razões situacionais que, numa experiência de transcendência, ganha novos significados.

Reconhecer é um ato de sabedoria. O reconhecimento começa com o ser próprio, numa relação de ruptura com o corpo enquanto elemento físico e orgânico. O corpo para o ser humano é também constituído pelo sujeito e pela cultura. O reconhecimento vai além do si próprio no encontro com o outro e, aqui, a ruptura é com a identidade cultural, pois o excesso ontológico se aplica também aos costumes e hábitos e faz descer às raízes culturais e subir aos princípios da vida. Não se pode ficar preso ao passado ou à espera do futuro; o sentido da vida precisa receber contornos e significados no presente.

A vida é uma constante descoberta, inclusive e principalmente do próprio ser. Dizia Paulo Freire: "gosto de ser gente porque, inacabado, sei que sou um ser condicionado, mas, consciente do inacabamento, sei que posso ir mais além dele. Está é a diferença profunda entre o ser condicionado e o ser determinado".

Os evangelhos dizem: onde está o seu tesouro, aí estará também o seu coração. Você já encontrou o seu tesouro? É algo com o qual e para o qual vale a pena viver?

Inovar

> Jesus disse: "Crê, mulher, vem a hora em que nem sobre esta montanha nem em Jerusalém adorareis o Pai... os verdadeiros adoradores adorarão em espírito e verdade, pois tais são os adoradores que o Pai procura".

Jesus se mantém coerente com a sua linha de pensamento/ação anterior e vai além da sua própria cultura. O diálogo conduziu ambos a uma superação, a uma razão de ser que não nega a cultura, ao contrário, busca a sua originalidade e vai além. Acontece, pois, um autêntico movimento dialético, um superar guardando. O novo ponto de referência atinge o sentido do ser e é bom para todos. Ponto no qual "o que decide não é o lugar geográfico, mas o estado de alma: o de adorar em comunhão com o Espírito, que enche todas as coisas e age na história" (BOFF, 2013, p. 110).

É imperativo que creiamos nas novas possibilidades para que elas aconteçam. Diz o ditado popular que a fé move montanhas. Quando aquilo que nos mobiliza é a fé e não apenas uma crença de momento, derrubamos as barreiras que impedem o crescimento. A fé impele a uma reinvenção constante da prática e a uma inovação constante do ser.

Thomas Edison, conhecido por descobrir a lâmpada incandescente, registrou mais de 2.300 invenções, dentre elas uma máquina automática de contar votos, em 1868, o primeiro protótipo da nossa urna eletrônica. É dele a famosa frase: "O gênio consiste em um por cento de inspiração e noventa e nove por cento de transpiração". Então, se você se considera uma pessoa pouco inspirada, use o seu lado produtor. O novo não é apenas uma novidade em termos de objeto ou tecnologia. Pode ser uma descoberta do sentido profundo da vida. Este é um alimento que não perece.

Proagir

> A mulher afirma: "Sei que vem um Messias".

Em uma só afirmação a mulher revela um saber e uma expectativa. Sabe que vem um messias, ou seja, ela tem a informação

– cara aos judeus – de que um messias há de vir. Não se sabe, pelo texto, se ela acredita, pois saber pode não ser acreditar. Mas é possível dizer que os samaritanos também vivem a expectativa da vinda de um messias, pois o messianismo é um dado dos povos que formaram e deram vida ao Primeiro Testamento.

O messias seria um salvador, aquele que viria para restituir a vida e a justiça. Diante da expectativa da vinda de um salvador, diversas posturas podem ser tomadas, desde a espera passiva, passando pela profecia, até a atitude de preparação ativa da chegada. Não basta esperar que a vida melhore, é preciso agir para que o melhor aconteça. E, nesse ponto, o principal salvador da vida somos nós mesmos.

Temos a maior parte da responsabilidade sobre a nossa vida. Podemos salvá-la ou perdê-la. Perguntemos sempre o que fazer para melhorar. Ficar dizendo que não vai dar certo é, desde já, um anúncio da derrota. Quem procura problemas, encontra-os. Miguel de Cervantes, autor de *Dom Quixote*, um dos mais belos romances, alerta: "Nunca fique implorando por aquilo que você tem o poder de obter".

Se queremos melhorar a vida, precisamos ser melhores a cada dia. Usar todo o nosso saber, toda a nossa experiência e toda a nossa fé para realizar o essencial. É necessário desenvolvermos a humildade para aprender mais com os outros, aprender por meio da tradição cultural acumulada da humanidade e usar as novas tecnologias que estão à disposição. Hoje não se pode mais usar como desculpa para não melhorar a vida o não acesso ao conhecimento. Mas antes disso tudo é preciso vontade interior, pois os instrumentos e meios somente nos ajudam a atingir um objetivo que nos convenceu interiormente.

Dialogar: falar e escutar

Jesus diz: "Sou eu que falo contigo".

O saber e a expectativa revelados pela mulher dão gancho para Jesus se revelar a ela. Dado extremamente significativo. No evangelho de João, até o momento, João Batista reconhece em Jesus o messias e algumas pessoas passam a segui-lo, mas diante de ninguém ainda Jesus havia assumido explicitamente a sua identidade. Seria o diálogo com a samaritana um processo em que Jesus também descobre a sua identidade? Possivelmente.

Outro dado relevante é que o messias é um eu que fala a um tu e um eu que escuta um tu. Esse versículo remete à relação face a face, a partir da qual Deus ouve a palavra humana e revela a sua palavra. Deus fala como um eu, uma pessoa, para um tu, outra pessoa. A relação entre Deus e as pessoas é, portanto, uma relação interpessoal.

O falar nos é mais óbvio e próprio, embora nem sempre ocorra um falar pertinente – falar verdadeiro e com sentido. Grande parte do que falamos é desnecessário. Também falamos muito sem pensar. Aristóteles lembra que a atitude sábia é não falar tudo o que se pensa e pensar tudo o que se fala. Rubem Alves chega a ser irônico quando, em muitas de suas palestras e falas, propõe cursos de escutatória (ouvir convincentemente), já que são numerosos os cursos de oratória (falar convincentemente). Muitas vezes, como diz Paulo Freire, a fala é um blá-blá-blá, um falar com pouco ou sem sentido. Um amontoado de palavras que jogamos ao vento. "Assim é que, esgotada a palavra de sua dimensão de ação, sacrificada, automaticamente, a reflexão também se transforma em palavreria, verbalismo, blá-blá-blá" (FREIRE, 2003, p. 78). Há um provérbio chinês que diz: "Há três coisas na vida que nunca voltam atrás: a flecha lançada, a palavra pronunciada e a oportunidade perdida".

O falar pertinente tem relação direta com o escutar e, esse sim, é um verbo pouco exercitado. Usamos a palavra escutar, que vem do latim *auscultare*. Se há algo necessário em nosso tempo pós-moderno é a escuta atenta, começando pela escuta de si. Jesus e a samaritana exercitam a fala e a escuta, paciente e interessadamente. Estão em busca de sentido e o elaboram com vigor persistente e visão profunda. Mudam as suas ideias, falando e escutando. Constroem uma nova perspectiva, sem que no final alguém diga "esta ideia foi minha". Os diretores do Cirque Du Soleil disseram a respeito das ideias criativas de seus espetáculos: "A primeira ideia que nos vinha na cabeça nunca era a última. E as ideias evoluíam, combinavam-se com outras, até ficaram mais originais, mais criativas. Aí, quando ficava pronto, nunca dava para saber de quem tinha sido a ideia – mas, também, pouco importava" (2006, p. 44).

Literalmente, diálogo significa a palavra aqui e ali, através de, um com o outro. Esse movimento envolve a fala e a escuta. O diálogo verdadeiro, no interior da fé cristã, envolve sempre uma Palavra que é graça (o Verbo – Filho) proferida amorosamente (pelo Pai), no espírito da comunhão (Espírito Santo) a um ser, que pode ser você. Nessa relação, porém, não está em jogo os traços externos da beleza, nem os distintivos de posição ou poder, mas a singularidade do eu, ou, se quisermos, o próprio ser. Nessa relação de comunhão e reciprocidade não cabe a desonestidade, a dissimulação e a mentira, pois essas possibilidades são plausíveis apenas em níveis superficiais.

As relações autênticas de diálogo são caminho para viver o sentido da vida. Se entrarmos nelas autenticamente, sairemos com o ser renovado.

Transformar

> Chegaram os discípulos. "Admiraram-se de que Jesus falasse com uma mulher. Nenhum deles, porém, lhe perguntou...".

Os discípulos protestam interiormente, mas não têm coragem de perscrutar o mestre. Em seu íntimo, os discípulos estão em conflito entre a tradição judaica e a postura de Jesus, que se aproxima e dialoga com uma mulher samaritana. Estaria Jesus rompendo com a sua missão ou com uma cultura organizacional?

Esse é um dos momentos no texto que aflora o conflito entre os membros judeus e os membros samaritanos das comunidades joaninas. A questão de fundo, na verdade, é a mesma da Assembleia de Jerusalém, em Atos dos Apóstolos 15: cultura e tradição *versus* revelação e fé.

Sempre é mais fácil ajustar a revelação à tradição, em vez de mudar a tradição pela revelação. A tradição, no fundo, é uma reserva de sentido. Uma mudança pode ser interpretada como a quebra do sentido e, pelo medo da falta de sentido, impõe-se a luta para não mudar. A revelação é sempre uma palavra inovadora e vivificadora, por isso, mexe com o mofo e a poeira que mantêm as coisas estagnadas e semimortas. Sempre é mais fácil adaptar a missão aos hábitos pessoais e à cultura organizacional vigente. A tensão que aparece aqui está presente em todo e qualquer processo educacional e formativo, de modo que vale a pena dedicar-lhe um pouco mais de espaço.

Tomás de Aquino, na *Suma Teológica*, fala em *habitus* como uma disposição estável para agir de determinado modo.[14] O hábito é como se fosse um *background* construído na consciência, capaz de nos orientar para a ação sem esforço racional e intencional. A razão prática permite agirmos automaticamente. Perrenoud diz que o "nosso *habitus* é constituído pelo conjunto dos esquemas de percepções, de avaliação, de pensamento e de ação". Ele "permite ao sujeito adaptar apenas *marginalmente* sua ação às características de cada situação corrente" (2001, p. 162). De acordo com essa visão, a tendência das pessoas é adaptar as situações ao seu próprio *habitus*. Justifica-se então a postura dos discípulos. A tensão entre o *habitus* e o novo, que é diferente, precisa ser sempre reposta quando se pretende ir além do conhecimento prévio e do *sensus* que fundamenta o ser. Tanto a acomodação ao *habitus* como a aposta incondicional no novo são posturas perigosas. Vale aqui o princípio do bom senso (Gramsci) e do meio-termo (Aristóteles).

Fala mais alto, nos discípulos, a cultura judaica (o *habitus*), que via com maus olhos os estrangeiros, de modo especial os samaritanos e também a mulher. Entre os judeus era proibido falar com uma mulher estranha em público.

É preciso tensionar o império dos hábitos com os processos de inovação. E inovar exige muito trabalho. Precisamos ficar atentos para perceber as oportunidades de mudança e ter a coragem de promover transformações inovadoras. Romper os hábitos para viver melhor e não apenas viver para manter os hábitos. John Kennedy, ex-presidente dos Estados Unidos, disse: "A mudança é

---

[14] Primeira Parte da Segunda Parte, questões 49 a 54.

a lei da vida. E aqueles que apenas olham para o passado ou para o presente irão com certeza perder o futuro".

Mudar e cuidar de si

A mulher deixou o seu cântaro.

O cântaro era um instrumento que permitia à mulher armazenar certa quantidade de água, através da qual ela procurava saciar a sua sede de sentido. Contudo, após algumas horas era necessário voltar para pegar mais água. E isso fazia com que a mulher dependesse do instrumental e da água que não conseguia saciar de fato a sua sede. O fato de a mulher voltar a buscar água ao meio-dia revela que aquele sentido é descartável. Bom enquanto se consome, mas não se prolonga no ser.

Após conhecer e experimentar um novo tipo de água, que jorra para a vida eterna, a mulher abandona junto ao poço o seu instrumental de acesso ao sentido. Um sinal de que o novo sentido a fez adotar uma nova postura: ela tem coragem de abandonar os velhos hábitos e a velha cultura em nome de uma vida mais plena de sentido. Há, nesse ponto, um aspecto de especial significado para a pessoa: o cuidado de si.

A filosofia grega clássica se ocupava com técnicas de cuidado de si. Um dos exemplos é a ascese socrática, que somente se acreditava eficaz com prática constante. É sabido que Sócrates não nos legou nenhum texto escrito. Conhecemos o seu pensamento através de seus discípulos. Um dos principais legados nos vem de Platão, com seus *Diálogos*. Foucault, em *História da sexualidade*, vol. II, analisa o princípio da ascese nos diálogos platônicos e comenta o seguinte: "o cuidado de si, que é uma condição prévia para ocupar-se dos demais e dirigir-lhes, não só implica a necessidade de conhecer (de conhecer o que se ignora, de conhecer se é ignorante, de conhecer o que se é), mas de se aplicar efetivamente a si mesmo e de exercitar-se a si mesmo e transformar-se" (apud, BARROS, 2012, p. 8).

Somente rompemos com o império dos hábitos e comportamentos necrófilos quando estamos convencidos interiormente. Gandhi, de certa forma, sabia disso quando disse: "Seja a mudança que você quer ver no mundo". Até estarmos convencidos teremos de nos esforçar, pois as mudanças não acontecem magicamente; estabelecermos atitudes, comportamentos e ações novas; termos disciplina para operacionalizá-las.

Mudar a organização

> A samaritana correu para a cidade.

Mais um indício de que a mulher representa todos os samaritanos e um modo de organização compartilhado por um grupo de pessoas. Parece ter encontrado algo que todos procuravam. Foi, apressadamente, contar a boa-nova a todos. Ao descobrir algo novo e bom, ela não guarda para si, mas corre para contar às outras pessoas. Esse é um dos princípios da aprendizagem constante e do crescimento mútuo: se você descobriu uma ideia nova, compartilhe com as outras pessoas, pois isso o motivará a buscar mais e estimulará os outros a desacomodarem-se. As mudanças organizacionais são promovidas por pessoas que mudaram ou estão em processo de mudança. Não há verdadeira mudança organizacional se as pessoas não mudam.

A mulher corre para a cidade, ou seja, para dentro da organização social, econômica, política e religiosa. A experiência de sentido não deve paralisar as pessoas ou separá-las da sociedade, ao contrário, deve conduzi-las para dentro, a fim de que o sentido também entre em todas as dimensões da vida coletiva. Eis um desafio do nosso tempo: construir conhecimento integral e viver em equipe. O *Cirque Du Soleil*, quando recebe esportistas para comporem o seu elenco, "desde o início se empenha por apagar as linhas que separam o esporte da arte, o indivíduo do grupo. Precisamos transformar o indivíduo num membro de equipe com quem todos os outros podem contar e, literalmente, colocar a própria vida em suas mãos – e transformar o atleta num artista capaz de, só com a sua linguagem corporal, levar pessoas que ele nunca viu antes às lágrimas" (2004, p. 32).

A nossa visão das coisas, do mundo e da vida é compartilhada por outras pessoas que podem ser nossos colegas de trabalho, nossa família, nossos amigos. Se mudarmos, essas pessoas notarão e, é claro, terão reações das mais diversas: espanto, alegria ou indignação. Se nossa mudança foi no sentido da transcendência, de um ir além e mais profundo, precisamos permanecer firmes na mudança e ajudar as outras pessoas a mudarem.

Clarice Lispector, escritora brasileira, chega a afirmar que: "Só o que está morto não muda! Repito por pura alegria de viver: a salvação é pelo risco, sem o qual a vida não vale a pena".

Mudar dói. Sabemos! E há quem prefira que tudo fique como está para não passar pela transformação. Preparemo-nos para enfrentar essas reações. Se estivermos entusiasmados, encantaremos as outras pessoas e elas perceberão que mudar é bom e torna a vida melhor.

Mudar a cultura

Anunciou a todos: "Vinde ver um homem que me disse tudo o que eu fiz. Não seria ele o Cristo?".

Uma experiência de vida bem-sucedida tem como resultado o anúncio espontâneo. Não é preciso fazer mídia de algo bom que vivemos com entusiasmo. Aliás, a palavra entusiasmo significa "Deus dentro". A vida com sentido, quanto mais compartilhada, mais plena de sentido se torna. Lembre-se, porém, de que o contrário também é verdadeiro.

Veja também que o central não é o anúncio, mas o seu conteúdo, a sua mensagem, o sentido que se anuncia. A samaritana anuncia a presença de uma pessoa que mudou a sua forma de compreender o sentido da vida e conclui com uma pergunta, para provocar curiosidade. O anúncio não é a pregação de uma ideia. É uma mensagem que provoca curiosidade para ir e ver.

A mudança cultural parte da adesão das pessoas a um novo conteúdo de sentido à vida pessoal e coletiva. Dessa forma, a ação para uma mudança cultural precisa estimular as pessoas a fazerem as próprias experiências com o novo sentido. Provocar assombro e gerar boas perspectivas em relação ao novo núcleo de sentido contribui na direção da adesão. Importante fazer as pessoas acomodadas saírem do seu mundo em busca de algo mais e melhor. Fernando Pessoa diz: "Há um tempo em que é preciso abandonar as roupas usadas, que já tem a forma do nosso corpo, e esquecer os nossos caminhos, que nos levam sempre aos mesmos lugares. É o tempo da travessia: e, se não ousarmos fazê-la, teremos ficado, para sempre, à margem de nós mesmos".

Liderar

> Os que ouviram saíram da cidade.

O entusiasmo com a mudança provoca, primeiramente, curiosidade, em seguida, adesão e, enfim, inspiração comprometida. As pessoas saíram da cidade, pois sentiram dentro delas o desejo de ver, de experimentar e sentir um sentido mais profundo e fundante para as suas vidas e relações sociais.

Se você mudar antes que as outras pessoas, será para elas um líder. Se quer ser um líder se antecipe, inove, chegue antes, faça antes o novo acontecer. Napoleão Bonaparte dizia que "um líder é um vendedor de esperança".

Na Bíblia, o papel de liderança é apresentado de diversas formas, dentre elas destaca-se a alegoria do pastor. O bom líder é como o bom pastor que cuida e conduz com eficácia e amor as ovelhas. Vimos no início deste livro o sentido de pastoral.

O bom pastor reflete e planeja junto, cuida de todo o rebanho e de cada ovelha de modo singular; guia, vigia e lidera; acompanha e avalia. Faz tudo isso tendo como horizonte principal uma visão de futuro, que, no caso da Bíblia, é o Reino de Deus.

Quem tem em mente a imagem das ovelhas soltas na pastagem, percebe que o pastor passa boa parte do tempo a certa distância pensando/planejamento, cuidando e vigiando. Está mantendo pelo menos três focos de observação:

a) no comportamento das ovelhas. Observa as forças das ovelhas, para fornecer alimento a fim de mantê-las, potencializá-las e direcioná-las ao bem-estar de todo o rebanho. Verifica as fraquezas para tratá-las com mais dedicação, pois poderão comprometer a vida individual e coletiva. A qualquer sinal de anormalidade em uma ovelha ou entre as ovelhas, o pastor se aproxima para verificar o que está acontecendo, tratando de possíveis machucaduras. Ele não deixa que doenças ou conflitos se avolumem, trata-os de imediato. Pelo menos dois aspectos são muito importantes neste foco de visão: o bem-estar da ovelha e o bem-estar dos relacionamentos entre as ovelhas. São partes integrantes e importantes da missão.

b) nas condições das pastagens e no tempo (oportunidades). Nem sempre a pastagem mais viçosa é a mais benéfica para as ovelhas. Dessa forma, o pastor sempre checa as condições das pastagens antes de liberar a entrada das ovelhas. Recolhe as ovelhas em abrigo seguro antes das tempestades e as conduz para fontes de águas revigorantes. Está de olho em novas pastagens, que possam dar novo vigor ao rebanho.

c) nos possíveis predadores (ameaças). As ameaças não anunciam a sua chegada. As ovelhas, concentradas no saboreio das pastagens, não percebem as ameaças se aproximarem. Cabe ao pastor vigiar para alertar as ovelhas dos perigos e evitar que se dispersem – o que favoreceria ao ataque de predadores.

Nenhum rebanho pode dispensar o olhar atento, o cuidado, a liderança e a vigilância de um pastor. Assim também acontece na ação evangelizadora. Bons processos de planejamento têm formas definidas de acompanhamento e avaliação.

Liderar é influenciar pessoas. Para ser líder de outras pessoas precisamos primeiro liderar a nós mesmos. Procurar estar um pouco à frente do nosso tempo. Puxar a vida e não tentar empurrá-la. O filósofo chinês Lao Tsé disse que: "Quando o líder verdadeiro dá o seu trabalho por terminado, as pessoas dizem que tudo aconteceu naturalmente".

Confiar

Foram ao encontro de Jesus.

As pessoas que saem da cidade têm uma direção, um objetivo: encontrar com uma pessoa que ensinou a aprender o ser, a ver o mundo pela essência. Foram tocadas por um anúncio, que suscitou vontade interior para encontrar pessoalmente o sentido que viram no testemunho da mulher e ouviram por suas palavras. Quem é tocado pelo anúncio deseja ardentemente se encontrar com o sentido enunciado.

Os sonhos que detêm o conteúdo essencial da vida são mais difíceis de serem sonhados e, da mesma forma, considerados difíceis de serem atingidos. Entretanto, confiar que é possível é uma das atitudes mais importantes para conquistá-los. Além disso, é preciso direcionar a vida para o foco certo e desejado. Confiar em si próprio e nas outras pessoas. Von Goethe dizia: "Assim que você confiar em si mesmo, você saberá como viver".

A história de Abraão, entre outras histórias bíblicas, revela aspectos relevantes para lidar com as promessas, os sonhos e os resultados esperados.

Abrão, com sua esposa Sarai, seu sobrinho Arã e seu pai Taré saíram da terra onde moravam, Ur da Caldeia, em direção a Canaã. Mas acabaram se estabelecendo numa terra intermediária, Harã (Gn 11,31-32). Estamos falando de quatro pessoas. O clã de Abrão era muito pequeno.

Deus faz a Abrão uma promessa: "Saia da sua terra, do meio de seus parentes e da casa de seu pai, e vá para a terra que eu lhe mostrarei. Eu farei de você um grande povo, e o abençoarei; tornarei famoso o seu nome, de modo que se torne uma bênção" (Gn 12,1-2).

Sabemos que:

a) Abrão está estabelecido em Harã com a sua família. O texto não diz que passam por algum tipo de necessidade, o que leva a crer que eles levavam uma vida boa;

b) Abrão tem 75 anos e Sarai é estéril, o que não lhes dava muita perspectiva de se tornarem um grande povo.

A situação de Abrão reúne condições para que ele duvide e resista, no entanto, eis a surpresa: "Abrão partiu conforme lhe dissera Javé" (Gn 12,4).

Podemos ver no texto que os resultados anunciados por Javé a Abrão se realizam, não sem dificuldade, é verdade.

Uma atitude de verdadeira confiança e uma postura proativa às mudanças reúne os três aspectos acima citados:

a) compreensão do alcance da mudança e do que precisa ser mudado;

b) acreditar que a mudança é possível e agir;

c) mobilização e direcionamento da postura interior e exterior para realizar a mudança e não ficar impondo barreiras e obstáculos.

Grandes mestres da humanidade experimentaram conscientemente. Erraram muitas vezes e tentaram novamente. Nunca desistiram. Santa Paulina tem uma frase que nos pode ajudar em situações difíceis, quando sobre nós sobrecai a sombra do desânimo: "Nunca, jamais desanimeis, embora venham ventos contrários".

Envolver-se e participar verdadeiramente

Os discípulos insistem para que Jesus coma.

Nos discípulos, a novidade daquele encontro não provocou nem assombro nem adesão. Talvez porque, além do preconceito, estivessem com medo. Se o preconceito encurta a visão, o medo provoca egoísmo nos indivíduos e gregarismo nos grupos – o medo também pode gerar resignação e violência.

Os discípulos, que representam os judeus, parecem assistir a tudo de longe. Enquanto todos esses episódios se passaram, eles permaneceram sem ser tocados pelo diálogo. Há pessoas que passam a vida ao largo da essência e do ser. Estão sempre cercadas pelas muralhas das suas certezas e assistem a distância, aguardando para ver o que vai acontecer. Os discípulos insistem para que Jesus coma. Mas Jesus tem sede e sua fome de alimento é outra. Quer alimentar-se de sentido por meio da construção inter-relacional humana com uma pessoa de cultura e ideias diferentes. Esse tipo de atitude brota de uma pessoa que está aberta ao sentido da vida e quer aprender, por isso, envolve-se.

Os discípulos têm as suas razões para manter-se distantes. Algumas dessas razões são culturais, como já vimos neste texto, dentre as quais o conflito cultural e religioso com o povo samaritano. Jesus, porém, também é de cultura judaica e toma atitude diferente. A tensão entre as certezas que o hábito e a cultura fixaram em nossa mente e a abertura a um sentido maior é continuada. Quanto mais ligados à cultura e à tradição, mais necessidade teremos de vigilância interior para evitar o fechamento e a mortificação da possibilidade de crescer e amadurecer.

John Kotter, especialista em gestão de mudanças, no livro *Liderando mudança* (1997), diz que se deve evitar a qualquer custo dois tipos de pessoas: "aquelas cujos egos podem encher uma sala sem deixar espaço para ninguém mais e as chamadas serpentes, pessoas que geram a falta de confiança capaz de destruir qualquer trabalho em equipe" (p. 59).

Uma das atitudes das pessoas que Kotter sugere evitarmos, que às vezes as pessoas adotam sem se darem conta de seus malefícios, é a de promover uma guerra de interesses em questões simples e de rotina. Fui uma vez convidado para trabalhar sobre liderança com um grupo de gerentes de uma empresa. Havia ali pessoas contratadas por suas competências e habilidades e outras colocadas lá por apadrinhamento de alguns dos dirigentes da empresa. Um dos profissionais capacitados revelava sabedoria e espírito de equipe fantásticos. Acontece que as suas iniciativas de inovação eram minadas por um apadrinhado, que, embora não tivesse competências para o cargo, o estava ocupando. E, como a empresa implantara um processo de participação, tudo se discutia conjuntamente e o apadrinhado tinha o mesmo poder de participação que o capacitado. Ao menor sinal de uma nova ideia, o apadrinhado corria para contar sua versão aos dirigentes. Em contextos assim há pelo menos duas saídas: ou os apadrinhados aprendem e amadurecem ou os profissionais se desligam. Para que a primeira saída aconteça é necessária a percepção da situação e a condução de um líder, ajudando o apadrinhado a amadurecer e se profissionalizar e permitindo aos profissionais comprometidos desenvolverem suas boas ideias.

A investidura em um cargo institucional dá ao investido uma sensação de aptidão e poder, mesmo que não o tenha. Quando, ao lado do critério de investidura institucional, introduzimos sem mais o critério de participação, instalamos a possibilidade de as pessoas igualarem-se, embora essa simetria de fato não exista, por uma série de fatores, dentre os quais a maturidade profissional, as competências, as habilidades e os valores. Essa pseudoigualdade é perigosa à medida que dá à pessoa o poder de tomar decisões para as quais ainda não está preparada. É como dar a um estudante de medicina iniciante um bisturi para fazer um transplante de coração de um paciente. Além do perigo da decisão irresponsável, temos o perigo da ingerência dos interesses. Uma pessoa profissionalmente imatura costuma levar tudo para o lado pessoal e cria tempestades institucionais com tempo limpo. Um profissional maduro, ao receber uma sugestão que se mostra problemática, propõe uma nova saída. Um profissional imaturo rejeita a sugestão e faz comentários paralelos inoportunos, sem mexer uma palha para a melhoria da ideia original.

A insistência no hábito e na atitude imatura revela dificuldade de mudança. Os discípulos querem que Jesus coma o que eles oferecem, ou seja, querem que Jesus faça as suas vontades, tenha a mesma visão que eles têm para que não mudem. Uma atitude imatura e infantil. Muita atenção com a pressão externa. Se o mundo oferece oportunidades, também tem ameaças. Uma das ameaças é a de abrirmos mão da honestidade e da ética para conseguir que outros adiram a uma missão. O general da reserva do Exército dos Estados Unidos, Norman Schwarzkopf, diz que "A liderança é uma poderosa combinação de estratégia e caráter. Mas se tiver de passar sem um, que seja estratégia". Contudo, a pressão pode ser altamente positiva, principalmente quando ela vem da parte de profissionais comprovadamente capacitados e eticamente resolvidos.

Envolver-se com as mudanças e participar ativa e verdadeiramente é uma atitude que gera aprendizagem. A participação verdadeira faz pensar em como ser e fazer melhor. Assistir de fora ou torcer contra não é produtivo. Não aprendemos e não crescemos. Se somos os líderes da mudança, gastemos mais tempo com ela e com as pessoas que aderiram do que com os que assistem de fora. Com o tempo, os resistentes ou aderem ou partem para outra.

Não desistir das pessoas e focar a missão

> Jesus diz aos discípulos: "Tenho para comer um alimento que não conheceis".

Jesus interpela também os discípulos. Tenta fazê-los ver para além da superfície. A dica de Jesus quer provocar a atitude reflexiva dos discípulos e um olhar para além da casca cultural-religiosa, por isso deixa possibilidade para várias interpretações.

Jesus não desiste dos discípulos e nos ensina a nunca desistirmos de nós mesmos, nem das outras pessoas. Dar suporte aos resistentes para aderirem às mudanças é uma atitude altamente positiva. Há pessoas que resistem por desconhecimento. Outras porque estão acomodadas com o que já fazem. Outras porque têm convicções pessoais e disputam poder. Estas últimas trabalham contra e, dessa forma, precisamos estabelecer estratégias de ação mais direcionadas, não a elas, mas ao seu foco de ação. Um adversário digno, como dizia Bismark, na sua ausência nos faz falta. O adversário indigno, segundo o filósofo e escritor francês Paul Valéry, triunfa quando acreditamos no que ele diz.

As pessoas tendem a resistir às mudanças. Muitas vezes, as mesmas pessoas que reclamam da estrutura são as que têm poder para realizar mudanças, mas resistem. Há uma equalização a ser feita e isso pede a mediação de uma liderança. Não podemos evitar as mudanças nem as resistências. Mas podemos nos preparar para lidar com ambas.

Ademais, as visões diferentes sempre são uma possibilidade de autorreflexão, como já vimos. "Precisamos dos outros para nos compreender, precisamos de sua liberdade e, se possível, de sua felicidade, para realizar nossa própria vida" (FERRY, 2004, p. 342). Precisamos dos outros também para as críticas e resistências, pois isso ajuda a melhorarmos o nosso ser e a missão que realizamos.

Manter o entusiasmo, apesar das possíveis gozações, ironias e ações desmoralizantes dos que disputam poder conosco é uma lição que aprendemos a muito custo. Nunca levemos a disputa para o lado pessoal. "Só podemos vencer o adversário com o amor, nunca com o ódio", diz Mahatma Gandhi. Lembremos que temos uma missão. Mantenhamo-nos focado nela.

Ser entusiasta e compreender a missão

> Os discípulos se perguntavam uns aos outros: "Será que alguém trouxe alguma coisa para ele comer?".
> Jesus esclarece: "Meu alimento é fazer a vontade daquele que me enviou...".

A interpelação de Jesus atinge os discípulos, que conversam entre si. Aquilo que era normal e pacífico torna-se ponto de interrogação. Contudo, os discípulos não conseguem furar a casca superficial da cultura. Conseguem apenas se perguntar se alguém levou algo para Jesus comer. Estão fixos no que é passageiro e perecível, o essencial é invisível ao olhos, como disse o Pequeno Príncipe.

Diz uma história que um menino voltou muito bravo da escola. O seu avô estava cuidando do jardim e, ao perceber que havia algo errado com o neto, deixou as suas ferramentas lá mesmo e chamou-o para conversar. Como o neto tinha uma grande admiração pelo avô, não teve dificuldade de contar o acontecido. Ele havia brigado feio com um dos seus melhores amigos e estava com muita raiva dele. Após contar tudo, perguntou ao avô: "É ruim ter raiva, vovô?". O avô colocou o neto no seu colo e respondeu: "É e não é". "Como assim?", voltou o neto. E o avô, então, contou-lhe a seguinte história. "Há, dentro de nós, duas feras: a do bem e a do mal, a do amor e a do ódio. Elas estão lutando constantemente". O neto interrompeu e perguntou: "E qual delas vence?". "A que alimentamos com mais frequência", respondeu o avô. O neto olhou nos olhos do seu avô, abraçou-o e disse: "Entendi, vovô, muito obrigado!". Alimentemo-nos com o bem e com o amor, que isso transbordará em nossas ações e atitudes. Permanecer numa condição de ódio é insuportável para qualquer pessoa e gera doenças.

O resistente ao bem e ao amor é como uma criança chantagista que não quer abrir mão dos seus desejos. Se cedemos, ensinaremos a ela o caminho errado para conseguir as coisas. Sejamos educadores. Ensinamos a *ser mais* sempre, em todo o tempo e em todo o espaço, do jeito certo, por meio do trabalho e da sabedoria.

A cultura e o hábito fornecem boas justificativas para a acomodação. Esta, porém, aprisiona o espírito e imobiliza a criatividade. A transcendência é algo com sentido maior, que puxa o ser humano para um transbordar-se, um ir além, um fazer-se mais, um sentir-se mais. O movimento de transcendência mantém o ser em perspectiva vivificante, sempre em atitude de busca, feliz, ao mesmo tempo, por ter experimentado o crescimento e por ter caminho a percorrer. Para Dom Helder Câmara, "É graça divina começar bem. Graça maior persistir na caminhada certa. Mas graça das graças é não desistir nunca".

Ao ver a dificuldade de entendimento dos discípulos, Jesus diz com todas as letras que o que alimenta suas atitudes e conduz as suas ações é a missão a ele confiada pelo Pai: a de amar como o Pai o amou.

Sejamos firmes e decididos pelo bem e pelo amor. Quando a mudança é necessária para uma vida com mais sentido e resistimos, determinemo-nos a cumpri-la. Fidel Castro, líder revolucionário cubano, tem uma frase interessante a esse respeito: "Eu digo que se alguém não faz, o tempo todo, tudo aquilo que pode e até mais do que pode, é exatamente como se não fizesse absolutamente nada". Esse alguém, na vida, é cada um de nós.

Lembremos que a vocação existencial é *ser mais*. Enfrentaremos as mesmas tentações de Jesus. Elas ameaçam a autenticidade da vida. Permaneçamos fiéis à vocação existencial e façamos mais de tudo aquilo que é possível para vivermos com mais sentido.

Ter fé e fazer uso da experiência

> Muitos samaritanos de Sicar creram por causa do testemunho da mulher. Os samaritanos vieram até Jesus.

O testemunho pessoal é causa de fé, ou seja, tem o poder de fazer acreditar. "A ênfase na experiência pessoal e no vivencial nos leva a considerar o testemunho como componente-chave na vivência da fé. Os fatos são valorizados quando são significativos para a pessoa. Na linguagem testemunhal podemos encontrar um ponto de contato com as pessoas que compõem a sociedade e delas entre si" (DAp, n. 55). Há pessoas capazes de viver uma experiência de fé pelo testemunho de outras. Não têm necessidade de ver e ouvir elas próprias. Essas chegam ao sentido da vida mais rapidamente.

Em processos de mudança encontramos também pessoas que assumem a causa apenas com o incentivo de outras pessoas. São mais proativas e rápidas no compreender. Prontamente se dispõem a agir. Acreditam na missão, nas outras pessoas e nelas mesmas. "Sonhos são como deuses: se não se acredita neles, eles deixam de existir" (Cícero).

Não são mais algumas pessoas, mas os samaritanos que vão até Jesus. O anúncio da samaritana desacomodou os samaritanos. Há uma força interna que os movimenta e que os faz andar e buscar.

Renasce um desejo adormecido de busca. Eles querem ver e sentir, verificar o que ouviram. Esses podem dizer, com Jó, "conhecia-te só de ouvido, mas agora viram-te meus olhos" (Jó 42,5).

Se paralisarmos com medo de errar, saibamos que, por causa desse medo, nunca acertaremos. Thomas Edison, experimentador por excelência, dizia que se você "quiser ter uma boa ideia, tenha uma porção de ideias".

Há, dentro de nós, um anseio de sentido pleno. Se não o sentimos, é porque está adormecido. Acreditemos firmemente na possibilidade de ser mais e veremos essa possibilidade realizar-se, pois a verdadeira fé se traduz na vida. São Paulo orienta da seguinte forma a comunidade de Gálatas a respeito de ser ou não circuncidado: "quando estamos unidos com Cristo Jesus, não faz diferença nenhuma estar ou não circuncidado. O que importa é a fé que age por meio do amor" (Gl 5,6).

Impulsionar

> Pediram para Jesus permanecer com eles.

Mais do que apenas olhar, os samaritanos querem sentir. Pedem que Jesus permaneça com eles. Aquilo que era para ser um lugar de passagem, um povo do qual se deveria passar longe, a considerar os conflitos existentes, torna-se um lugar que pede permanência. Não no sentido de estagnação, mas no movimento dinâmico da vida: do permanecer-conviver-ensinar-aprender-crescer-partir.

A permanência, porém, é breve e pode ter dois motivos: um deles é reforçar a própria experiência pela presença singular em uma cultura diferente; o outro é ver os sinais de sentido presentes naquele povo e organização. Dificilmente encontraremos uma pessoa ou uma organização com a qual não tenhamos nada que aprender. Se achamos conhecer alguém assim, é porque há algo que nos está impedindo de ver as potencialidades e qualidades dessa pessoa. Além do mais, como insiste Perrenoud, "o confronto de representações e práticas favorece a tomada de consciência [...]. É descobrindo outras culturas que se compreende que sorrir, sacudir ou abaixar a cabeça, virar as costas ou cruzar os braços não têm o mesmo significado em todas as sociedades" (2001, p. 175). Há experiências mais fortes de confronto, nas quais encontramos pessoas que não dão trégua nas tentativas de atingir a missão ou as pessoas nela envolvidas. A aprendizagem que tiramos dessas experiências também é significativa, na medida em que elas nos ajudam a vigiar melhor a missão e nos possibilitam o exercício da resiliência.

É sabedoria o exercício continuado de ver sem preconceitos. Além do mais, temos responsabilidade com as pessoas, simplesmente por serem pessoas. Madre Teresa de Calcutá resume em uma frase este último aspecto, quando diz que "Não devemos permitir que alguém saia da nossa presença sem se sentir melhor e mais feliz".

Há momentos extremamente significativos e repletos de sentido, nos quais gostaríamos de permanecer. São muito importantes para reforçar o sentido da vida e deixam-nos mais animados – com a alma viva. Fernando Sabino expressa com sabedoria: "O valor das coisas não está no tempo que elas duram, mas na intensidade com que acontecem. Por isso existem momentos inesquecíveis, coisas inexplicáveis e pessoas incomparáveis".

Vivamos intensamente! Olhemos para a frente e vejamos que "há ainda um longo caminho a percorrer" (1Rs 19,7).

Organizar o tempo

Jesus ficou aí dois dias.

O pedido de permanência é aceito por Jesus. Ele entra para ficar na vida pessoal e pública do povo da Samaria. Faz isso em espírito e verdade, durante um tempo determinado: dois dias.

O tempo é considerado o carrasco dos nossos dias. Na verdade, o problema está em nós que não organizamos bem o tempo. Passamos grande parte do tempo fazendo coisas que não fazem muita diferença e, por isso, falta tempo para as questões essenciais. Algumas pessoas têm buscado auxílio para organizar melhor o tempo. Querem um método eficaz para dar conta de todos os encargos do trabalho e cumprir os prazos estabelecidos. Pensam que esquemas externos e instrumentos geram mudanças milagrosas. A eficaz organização do tempo depende, primeiramente, de uma mudança de visão do propósito fundamental da vida.

O já citado Anselm Grün, monge benetido, doutor em teologia, conselheiro espiritual e orientador de cursos, recomenda: "o uso mais proveitoso do tempo",[15] que, segundo ele, "consiste em viver o tempo de maneira diferente; em senti-lo como um benefício. [...] resolva aquilo com que está ocupado agora. Então você precisará pensar no próximo assunto quando finalizar o que está fazendo no momento" (2006, p. 149). A leitura de seu livro *No ritmo dos monges* nos ajuda a compreender o nosso modo de encarar o tempo e oportuniza uma nova postura diante dele.

---

[15] Para uma leitura interessante e proveitosa sobre o gerenciamento do tempo – questão também importante em nossos dias –, ver na Bibliografia FORSYTH, 2010.

Organizar o tempo é uma exigência da nossa época, que oferece múltiplas possibilidades de ocupação e lazer. Para Pitágoras, "com a organização do tempo, acha-se o segredo de fazer tudo e benfeito". É bom termos um planejamento pessoal, que contenha também uma lista de tarefas.[16] No topo da lista coloquemos sempre as mais importantes, difíceis e complexas. Comecemos sempre pelas tarefas que temos a tentação de deixar para o final; são estas também as mais exigentes. Hugo de São Vítor alerta que, "quanto mais você acumula as coisas supérfluas, tanto menos poderá compreender e reter as coisas úteis" (2011, p. 145). Assim é também com o tempo.

A tradição bíblico-teológica vê o tempo como *kairós*, tempo oportuno, propício e necessário. Dessa forma, precisamos desenvolver uma visão da vida a partir do tempo oportuno, propício e necessário de realizar, de rezar, de silenciar, de estudar, de conviver, de celebrar, de confraternizar, de estar em lazer. Tempo oportuno é o mais adequado para realizar ou viver algo. Tempo propício é o mais favorável. Tempo necessário é tanto a quantidade de tempo que se precisa para viver ou fazer algo benfeito quanto à qualidade desse tempo (local, ambiente, postura).

Quem se organiza bem sabe o que ainda precisa ser feito e consegue tempo extra para reforçar um ensinamento ou uma experiência, ou para permanecer consigo mesmo em meditação, ou ainda para brincar com os filhos e amigos. Antoine de Saint-Exupéry, em *O Pequeno Príncipe*, põe a seguinte frase na boca da raposa: "Foi o tempo que perdeste com a tua rosa que a fez tão

---

[16] Leitura interessante a esse respeito encontra-se em Patrick FORSYTH. *Tempo: gerencie-o com sucesso e melhore seu desempenho e sua qualidade de vida no trabalho*. São Paulo: Clio Editora, 2010.

importante" (2004, p. 72). Vejamos: onde está o que de mais importante existe em nossa vida? Qual o tempo que temos com ela e para ela?

Provocar a hora da verdade

> Bem mais numerosos foram os samaritanos que creram por causa da palavra de Jesus: "Nós próprios o ouvimos, e sabemos...".

A experiência de sentido se completa quando as pessoas sentem a palavra tocando as profundezas do espírito. Passam a ter fé por convicção. Fé carregada de sentido, não apenas de justificativas ou preceitos. Pessoas assim se autogerenciam. Sabem trabalhar em equipe, aceitam críticas, não têm nenhum problema em receber ordens, têm a liberdade de sugerir inovações e se realizam no que fazem.

Sêneca, filósofo e jurista estoico, dizia que "um atleta não pode chegar à competição muito motivado se nunca foi posto à prova". A prova, nesse caso, tem algumas funções: a) criar resiliência: capacidade de enfrentar grandes mudanças e sair fortalecido; b) preparar o corpo e o espírito para enfrentar os desafios; c) formar, capacitar e treinar; d) construir confiança na possibilidade de superação.

A prova de fogo, a hora da verdade, é o sentir do espírito. Então acreditamos com todas as nossas forças, pois a fé não é mais algo que está fora de nós, e sim uma força interior que mobiliza para a missão. É uma fé com base na verdade, não nas suposições. "Existe uma verdade que é vivenciada para além das aparências e que o social – as contingências, conveniências e convenções

– conserva como uma máscara utilizada por cada um e que acaba por se tornar crível; no entanto, um dia, ela já não poderá permanecer escondida, nem que seja para a própria pessoa" (BENSAID; LELOUP, 2006, p. 69). A samaritana e sua comunidade encontraram-se com a verdade profunda e consistente e transformaram a sua fé. A fé com base na verdade é razão interior sempre ativa, porque já passou pelo crivo da reflexão, da oração, da meditação e da contemplação.

Ser livre

> Jesus partiu para a Galileia.

A partir do momento em que as pessoas vivenciam interiormente o sentido profundo da existência conseguem testemunhar por conta própria, sem necessidade de terem sempre alguém por perto para fazer junto ou cobrar. Isso não dispensa, de forma alguma, o acompanhamento e a liderança.

Pessoas que assumem irrestritamente a responsabilidade pelas suas vidas e suas ações experimentam a liberdade. Ser livre deixa de ser uma ilusão de fazer o que se quer independentemente de qualquer condicionamento e passa a ser uma experiência de empoderamento/esvaziamento responsável no interior das relações cotidianas. A liberdade, em última instância, é um esquecer-se de si. "O paradoxo é que, esquecendo-me de mim mesmo, torno-me presente para mim mesmo, torno-me verdadeiro, totalmente eu mesmo" (GRÜN, 2001, p. 103).

"Não importa aonde o seu corpo vai, um pedaço da alma vai estar sempre junto com aqueles que amaram você, ficará gravado em nós a marca da sua presença em nossos caminhos", afirmou Eça de Queiroz, notável escritor português.

A liberdade ensina também a viver o movimento de permanecer-partir, próprio da itinerância existencial. A experiência mais forte do permanecer-partir é a do morrer-nascer, na qual estamos envolvidos desde o nascimento até a morte: para nascer para o mundo precisamos morrer para o ventre materno; para nascer para o andar, precisamos morrer para a segurança dos braços alheios; para nascer para a sociedade, de certa maneira morremos para o fechado círculo familiar, e assim vivemos a tensão entre o morrer e o nascer a cada decisão de nossas vidas, e a finitude de nossa existência está onipresente em nosso cotidiano. Experimentamos a cada dia nossa fragilidade e nossa potencialidade, de modo que a liberdade se mostra como uma forma de viver, sem estar preso a nada. São Paulo conclama os cristãos a permanecerem firmes na liberdade: "Cristo nos libertou para que nós sejamos realmente livres. Por isso, continuem firmes como pessoas livres e não se tornem escravos novamente" (Gl 5,1).

Um despertar continuado do espírito

> Erguei vossos olhos e vede os campos: estão brancos para a colheita (Jo 4, 35b).

A vida é uma colheita constante e um despertar contínuo do espírito. Devemos aprender a semear, cultivar e colher diariamente. Não obstante, não há um lugar onde possamos reclinar a cabeça e dar a nossa missão por terminada. Jesus de Nazaré despertou o espírito dos desanimados, dos endemoninhados, dos doentes, dos paralíticos, dos alienados... Sua missão foi despertar o espírito das pessoas para a vida.

Mateus 9,2 diz que trouxeram até Jesus um paralítico. Ao ver a fé do paralítico Jesus disse: "Tem ânimo, meu filho!". É com estas palavras que gostaríamos de nos despedir. Tenhamos ânimo. Ânimo vem de *anima*, alma viva. Pessoas desanimadas perderam o ânimo da vida, perdendo também a alegria, o entusiasmo e a coragem de viver.

Portanto, ânimo, coragem, fé e esperança na vida, pois, "se tiverdes fé como um grão de mostarda, direis a esta montanha: transporta-te daqui para lá, e ela se transportará e nada vos será impossível" (Mt 17,20).

BIBLIOGRAFIA

ARENDT, Hannah. *A vida segundo o espírito*. Lisboa: Instituto Piaget, s/ano. vol. I – Pensar.

ARISTÓTELES. *Ética a Nicômacos*. 4. ed. Brasília: Editora da UNB, 2001.

ASSLANDER, Friedrich; GRÜN, Anselm. *Trabalho e espiritualidade*: como dar novo sentido à vida profissional. Petrópolis/RJ: Vozes, 2014.

BACON, Francis. *Novum Organum*: Nova Atlântida. São Paulo: Nova Cultural. 2005. (Coleção Os Pensadores).

BALBINOT, Rodinei. *Ação pedagógica*: entre verticalismo pedagógico e práxis dialógica. 2. ed. São Paulo: Paulinas, 2012.

_____. *Educação e espiritualidade*: fundamentos da escola em pastoral. Xanxerê/SC: Editora NewsPrint, 2010.

_____; BENINCÁ, Elli. *Metodologia pastoral*: mística do discípulo missionário. 3. ed. São Paulo: Paulinas, 2012.

BARROS, João Roberto. Técnicas de si nos textos de Michael Foucault, *Cadernos IUH ideias*, São Leopoldo: Unisinos, ano 10, n. 173, 2012.

BENSAID, Catherine; LEOUP, Jean-Yves. *O essencial do amor*: as diferentes faces da experiência amorosa. Petrópolis/RJ: Vozes, 2006.

BÍBLIA DE JERUSALÉM. São Paulo: Paulus, 2002.

BOFF, Leonardo. *Crise oportunidade de crescimento*. Campinas/SP: Verus, 2002.

_____. *Ética da vida*. Brasília: Letraviva, 1999.

_____. *Ética e ecoespiritualidade*. Campinas/SP: Verus, 2003.

_____. *Experimentar Deus*: a transparência de todas as coisas. Campinas/SP: Verus, 2002.

_____. O Espírito Santo: fogo interior, doador de vida e Pai dos pobres. Petrópolis/RJ: Vozes, 2013.

BORTOLINI, José. *Como ler o evangelho de João*. 2. ed. São Paulo: Paulus, 1994. (Série Como Ler a Bíblia.)

BUTLER-BOWDON, Tom. *50 mestres fascinantes*: ensinamento sobre espiritualidade e mudança interior. São Paulo: Universo dos Livros, 2011.

CAVALCANTE, Anderson. *O que realmente importa*. São Paulo: Editora Gente, 2009.

COMTE, Augusto. *Curso de filosofia positivista e outros*. São Paulo: Abril Cultural, 1978.

CONSELHO EPISCOPAL LATINO-AMERICANO. *Documento de Aparecida*. São Paulo: Paulinas/Paulus; Brasília: Edições CNBB, 2007.

DVD. *Alexander Graham Bell*. São Paulo: Editora Ciranda Cultural. (Coleção Heróis da Humanidade.)

FERRY, Luc. *A revolução do amor*: por uma espiritualidade laica. Tradução Véra Lucia dos Reis. Rio de Janeiro: Objetiva, 2012.

_____. *O que é uma vida bem-sucedida*: ensaio. Tradução de Karina Jannini. Rio de Janeiro: Difel, 2004.

FORSYTH, Patrick. *Tempo: gerencie-o com sucesso e melhore seu desempenho e sua qualidade de vida no trabalho*. São Paulo: Clio Editora, 2010.

FREIRE, Paulo. *Pedagogia do oprimido*. 35. ed. Rio de Janeiro: Paz e Terra, 2003.

FREUD, Sigmund. O mal-estar da civilização. In: FREUD. *Obras completas de Sigmund Freud*, Rio de Janeiro: Imago, 1974. v. XXI.

GLEISER, Marcelo. *Mundos invisíveis*. São Paulo: Editora Globo, 2008.

GOETHE, Johann Wolfgang von. *Fausto*. Disponível em: EBooksBrasil.com.

GRUN, Anselm. *A oração como encontro*. 3. ed. Petrópolis/RJ: Vozes, 2001.

_____. *No ritmo dos monges*: convivência com o tempo, um bem valioso. São Paulo: Paulinas, 2006.

_____. *O que nutre o amor*: relacionamento e espiritualidade. Petrópolis/RJ: Vozes, 2011.

_____. *Ser uma pessoa inteira*. 3. ed. Petrópolis/RJ: Vozes, 2014.

GUTIÉRREZ, Gustavo. *A verdade vos libertará*: confrontos. São Paulo: Loyola, 2000.

HEIDEGGER, Martin. *Ser e tempo*. 14. ed. Petrópolis/RJ: Vozes, 2005. Parte I.

HEWARD, Lyn. *Cirque Du Soleil*: a reinvenção do espetáculo. Rio de Janeiro: Elsevier, 2006.

HUNTER, James C. *Como se tornar um líder servidor*: os princípios de liderança de o monge e o executivo. 2. ed. Rio de Janeiro: Sextante, 2006.

_____. *O monge e o executivo*: uma história sobre a essência da liderança. 9. ed. Rio de Janeiro: Sextante, 2004.

JONSON, Spencer. *Quem mexeu no meu queijo*. 58. ed. Rio de Janeiro: Record, 2009.

KOTTER, John. *Liderando mudança*. 15. ed. São Paulo: Campus, 1997.

LIMA VAZ, Henrique Claudio de. *Antropologia filosófica*. 7. ed. São Paulo: Loyola, 2004. vol. I.

_____. *Antropologia filosófica*. São Paulo: Loyola, 1992. vol. II.

MESTRE ECKHART. *O livro da divina consolação e outros textos seletos*. 5. ed. Bragança Paulista: Editora Universitária São Francisco 2005.

PERRENOUD, Phillippe. O trabalho sobre o *habitus* na formação de professores: análise das práticas e tomada de consciência. In: PERRENOUD, Phillippe et al. *Formando professores profissionais. Quais estratégias? Quais competências?* 2. ed. Porto Alegre: Artmed, 2001. p. 161-184.

PESSOA, Fernando. *O eu profundo e outros eus.* 20. ed. Editora Nova Fronteira. Disponível em: http://canaldoensino.com.br/blog/13-livros-de-fernando-pessoa-para-download-gratuito. Acesso em: 01.10.2012.

QUEIROZ, Eça. *Contos.* Porto (Portugal): EBook, 2010.

QUEIRUGA, Andrés Torrez. *Fim do cristianismo pré-moderno.* Trad. Afonso Maria Ligorio Soares. São Paulo: Paulus, 2003. (Coleção Temas da Atualidade.)

_____. *Um Deus para hoje.* 3. ed. Trad. João Rezende Costa. São Paulo: Paulus, 2006. (Coleção Temas da Atualidade.)

SAINT-EXUPÉRY, Antoine de. *O Pequeno Príncipe.* 48. ed. Rio de Janeiro: Agir, 2004.

SARTRE, Jean-Paul. *O ser e o nada*: ensaio de ontologia fenomenológica. 12. ed. Petrópolis/RJ: Vozes, 2003.

_____. *O existencialismo é um humanismo.* Paris: Les Éditions Nagel, 1970. Disponível em: http://stoa.usp.br/alexccarneiro/files/-1/4529/sartre_exitencialismo_humanismo.pdf. Acesso em: 13 jan. 2014.

SOUZA SANTOS, Boaventura. *Introdução a uma ciência pós-moderna.* 3. ed. Rio de Janeiro: Graal, 1989.

SPINOZA, Baruch. *Ética demonstrada à maneira dos geômetras.* São Paulo: Martin Claret, 2002.

STOPPINO, Mario. Autoridade. In: BOBBIO; MATTEUCCI; PASQUINO. *Dicionário de Política.* 12. ed. Brasília: Editora UnB; São Paulo: Imprensa Oficial, 2002. vol. 1, p. 8-94.

TORRALBA, Francesc. *Inteligência espiritual.* Petrópolis/RJ: Vozes, 2012.

TSÉ-TUNG, Mao. *O livro vermelho*. São Paulo: Martin Claret, 2002.

VÍTOR, Hugo de São. *Didascálico*: da arte de ler. Petrópolis/RJ: Vozes, 2001.

ZOHAR, Danah; MARSHALL, Ian. *Inteligência spiritual*: aprenda a desenvolver a inteligência que faz a diferença. Rio de Janeiro: Viva Livros, 2012.

Impresso na gráfica da
Pia Sociedade Filhas de São Paulo
Via Raposo Tavares, km 19,145
05577-300 - São Paulo, SP - Brasil - 2015